Peter Spiegel

# Muhammad Yunus

## Das Buch

Vertrauen heißt auf Latein »credere«, das Ursprungswort unseres »Kredits«. Die Welt gibt Kredite nur an Besitzende – Muhammad Yunus mit seiner »Bank für die Armen« nur an Besitzlose. Die Welt vertraut in Gelddingen nur Menschen, die bereits Geld haben – der Friedensnobelpreisträger schenkt jenen Menschen volles Vertrauen, die nichts haben, und setzt damit bei ihnen eine erstaunliche Kreativität frei. Der Wirtschaftswissenschaftler aus Bangladesch machte das radikale Querdenken zugunsten der Schwächsten der Welt zum erfolgreichen Modell eines neuen Sozialunternehmertums.

Dank seiner Pionierleistung wurden bislang weltweit mehr als 100 Millionen Mittellose, vor allem Frauen, zu Unternehmern. Yunus erschloss den Ärmsten den Zugang zu sozialer Absicherung, Strom und modernen Kommunikationsmitteln, kurz zu einem Leben der Hoffnung. In seiner Nobelpreisrede 2006 startete er eine neue globale Initiative: Er rief die Welt zur Gründung von Abertausenden von Social Businesses auf – Unternehmen, die nicht nur im Bereich des Bankings, sondern auch in allen anderen Bereichen sich ganz in den Dienst der Lösung gesellschaftlicher Probleme stellen. Das faszinierende Porträt eines Menschen, der durch Zivilcourage, Mut und Charisma die Welt nachhaltig verändert hat.

## Der Autor

Peter Spiegel, geb. 1953, studierte Soziologie und gründete 2008 mit dem Genisis Institut das weltweit erste Institut für Social Business, das er seither leitet. Er ist Initiator und Leiter des Vision Summit, der sich als internationale Leitkonferenz für Social Entrepreneurship und Social Innovation etabliert hat. Er ist Autor und Herausgeber von mehr als 25 Büchern und der erfolgreichste Publizist im deutschsprachigen Raum zu den Themen dieses Buches.

Peter Spiegel

# Muhammad Yunus

Banker der Armen, Gestalter der Zukunft

HERDER

FREIBURG · BASEL · WIEN

HERDER spektrum – Band 6359

**MIX**
Papier aus verantwor-
tungsvollen Quellen
**FSC® C106847**

Vollständig überarbeitete und erweiterte Neuausgabe
Titel der Originalausgabe:
Muhammad Yunus – Banker der Armen.
Der Friedensnobelpreisträger. Sein Leben. Seine Vision. Seine Wirkung.
© Verlag Herder GmbH, Freiburg im Breisgau 2006
ISBN 978-3-451-05880-6

1. Auflage
© Verlag Herder GmbH, Freiburg im Breisgau 2012
Alle Rechte vorbehalten
www.herder.de

Umschlagkonzeption: Agentur R·M·E Roland Eschlbeck
Umschlaggestaltung: Verlag Herder
Umschlagmotiv: © dpa Picture-Alliance / Herbert Pfarrhofer
Autorenfoto: Mat Hennek

Satz: Barbara Herrmann, Freiburg
Herstellung: fgb · freiburger graphische betriebe
www.fgb.de

Printed in Germany

ISBN 978-3-451-06359-6

# Inhalt

## »Einfach genau das Gegenteil tun«
*Einleitung*

26. Juni 1997, Frankfurt am Main. Ein klein gewachsener Mann, in der unauffälligen Tracht seines Heimatlandes und damit unter Nadelstreifenanzugsträgern dann doch wiederum recht auffällig, betritt das Rednerpult im Foyer der Kreditanstalt für Wiederaufbau (KfW). Vor ihm sitzen 100 ausgewählte Banker aus der Bankenmetropole und darüber hinaus Spezialisten aus dem Rest der Republik, die sich bereits seit Längerem mit dem Phänomen ihres so ungewöhnlichen Bankerkollegen beschäftigt haben. Muhammad Yunus, der Wirtschaftsprofessor aus Bangladesch, der mit nahezu allen traditionellen Bankprinzipien gebrochen hat und trotzdem zu diesem Zeitpunkt schon ein bemerkenswert erfolgreicher Banker ist, soll ihnen heute Rede und Antwort stehen. Was hat es denn mit seiner so merkwürdigen Kleinkreditbank für die Ärmsten, der Grameen Bank, wirklich auf sich? Wie wird Yunus sich in dieser mit ungläubiger Neugier aufgeladenen Atmosphäre gegenüber bestausgebildeten und erfahrenen Traditionsbankern verhalten, wie gut wird er sich gegenüber geballter Skepsis schlagen können?

Nach einer sehr kurzen Einführung in seine Kleinkreditbankenwelt, die auch die nichtkundigen Teilnehmer zu einer spannenden Diskussion anregen sollte, stellt Yunus eine Frage in den Raum: »Wie Sie sicher schon gehört haben, haben wir eine ganze Menge Probleme bei der Grameen Bank. Lassen Sie uns darüber ganz offen miteinander sprechen. Von welchen Problemen haben Sie gehört?« Dass

Yunus ein ungewöhnlicher Mensch ist, hatte sich in diesem Kreis schon damals herumgesprochen. Dennoch: Warum will er seine Philosophie und Botschaft ausgerechnet dadurch verkaufen, dass er gleich die Probleme ins Zentrum der Aufmerksamkeit rückt? Versteht er sich vielleicht darauf, wie man Kleinkredite an arme Menschen vergeben kann, aber nicht, wie man seine Sache vor einem kompetenten Auditorium erfolgreich vermittelt? Einige zögerliche Stimmen erheben sich. Sie bringen die damals üblichen kritischen Rückfragen vor: Erreicht Grameen, wie immer behauptet, tatsächlich die Ärmsten und nicht nur jene in den ärmeren Bevölkerungsschichten, die bereits über relativ gute unternehmerische Fähigkeiten verfügen? Schickt man die Armen mit Kleinkrediten nicht in einen Markt, den sie viel zu wenig kennen? Müsste man ihnen daher nicht zuerst Anleitung geben, welche Märkte für sie tragfähig sind?

Yunus hört sich alles an, bleibt absolut ruhig und schiebt noch mit intellektueller Ungeduld nach: »Das können doch sicher nicht alle Probleme sein, von denen Sie gehört haben bezüglich unserer Arbeit. Bitte üben Sie keine Rücksicht. Ich bin sehr ernsthaft daran interessiert, von Ihnen zu lernen, was wir falsch machen.« Die Zurückhaltung ist aufgebrochen. Immer mehr Teilnehmer stehen auf und formulieren ihre Bedenken, immer noch in einer Mischung aus Höflichkeit und dem gleichzeitigen Drang, sich zu äußern. Es geht um Kritikpunkte, um tatsächliche oder vermeintliche Probleme, die sie vom Hörensagen oder aus Reportagen kennen oder die ihnen teilweise auch selbst bei Besuchen der Grameen Bank bewusst geworden sind. Der kleine Banker am Rednerpult hört allen aufmerksam zu. Doch er ist nicht zufrieden, lässt nicht locker: »Warum so wenig? Ich kann Ihnen noch endlos von viel mehr Problemen berichten.« Was treibt diesen Mann an? Weiß er nicht, dass ein Zuviel an nachgewiesenen Problemen ein absolutes K.-o.-Kriterium auch für eine noch so gute Idee ist? Gerade Banker haben bekanntlich eine besondere Verpflichtung, möglichst nirgendwo in ihrem Geschäft Probleme auftauchen zu lassen. Und sollten doch welche auftauchen, müssen sie möglichst schnell und geräuschlos beseitigt werden.

Yunus setzt jetzt zu seiner ersten Erwiderung an: »Wissen Sie, wir in der Grameen Bank haben gelernt, dass Probleme der kostbarste Treibstoff für Innovationen sind. Wir haben keine Angst vor Problemen, Probleme sind für uns keine Probleme, sondern unsere Freunde. Sie sind der Einstieg in einen kreativen Prozess, der uns zu immer besseren Lösungen führt. Jedes Problem hilft uns nur, Schritt für Schritt besser zu werden. Ich weiß, dass Sie einen anderen Bezug zu Problemen haben. Aber unser Bezug zu Problemen war und ist für uns überlebenswichtig.« Und er erzählt, wie alle Banker in Bangladesch, denen er in den 1970er Jahren die Notwendigkeit und die Chancen der Vergabe von Minikrediten in Höhe von wenigen Dollar an die Ärmsten der Armen zu vermitteln suchte, vor ihm eine Mauer von Schwierigkeiten aufbauten, die zu überspringen ihnen vollkommen unmöglich erschien. »Mit diesem Denken hätte es niemals einen Kredit für einen armen Menschen gegeben, geschweige denn ein ganzes Bankensystem für die Armen.«

Das Gespräch nahm einen spannenden Verlauf. Yunus griff jetzt die zuvor aufgeworfenen Kritikpunkte an seiner Grameen Bank auf und zeigte an den erwähnten Problemen: Jedes von ihnen existierte. Und jedes war lösbar.

Die Botschaft war klar: Mit einer anderen Haltung konnte man gerade aus scheinbar unlösbaren Konstellationen heraus eine Welt von Innovationen schöpfen. Doch er beließ es nicht bei dieser Botschaft. Er mutete seinen Zuhörern eine weitere Grunderkenntnis zu, die völlig quer zu dem lag, was sie sonst zu ihren Axiomen zählten: »Irgendwann haben wir dann das einfache Prinzip verstanden, wie wir sehr viel schneller zu unseren Innovationen kommen können: Wir mussten uns nur ansehen, wie es die traditionellen Banken machten, um dann einfach genau das Gegenteil zu tun. Genau so entsteht dann ein funktionierendes Bankensystem für die Armen.«

Wollte Yunus provozieren? Seine Mimik, Gestik, Wortwahl, seine gesamte Erscheinung zeigten keine Spur von Provokation. Es war eher die freundliche Einladung zu einem neuen Denken, zu dem er durch logische Argumente und in klarer Sprache einladen wollte.

Yunus will verändern, viel verändern, daran lässt er keinen Zweifel. Und er will überzeugen. Er will klarmachen, dass Lösungen praktisch umsetzbar sind, die bisher undenkbar erschienen. Dafür setzt er die Mittel scharfer intellektueller Logik ein, gepaart mit der Gestik partnerschaftlichen Lernens. Er setzt niemanden herab, sondern hört immer mit höchster Aufmerksamkeit zu, so als wollte er niemals irgendwo die Lernchance, die in jeder menschlichen Begegnung steckt, versäumen. Er ist nicht der Besserwisser. Aber er hört besser zu als die anderen. Und er pocht darauf, dass jeder Mensch dieselbe Achtsamkeit, dieselbe Qualität des Zuhörens verdient. Yunus ist der Überzeugung, dass ein Großteil der heutigen Weltprobleme dadurch entstanden sind, dass wir eine Hierarchie des Zuhörens schufen, in der nur so genannte Experten wirklich zählen und sich Gehör verschaffen. Wer aber sind die Experten für die Überwindung der Armut der rund drei Milliarden Menschen, die von weniger als zwei Dollar pro Tag leben müssen?

Darauf hinzuweisen, das war das dritte zentrale Thema in jener Frankfurter Rede von Muhammad Yunus. Yunus wandte sich an seine Bankkollegen: »Sie sind gut ausgebildete, kluge, erfahrene und erfolgreiche Manager. Daher möchte ich Ihnen gerne eine Managementaufgabe stellen. Wer von Ihnen fühlt sich in der Lage, eine Familie von weniger als einem Dollar pro Tag zu ernähren?«

Um keinen Zweifel an der Zielrichtung seiner Frage aufkommen zu lassen, fuhr er fort: »Die Frauen in den ländlichen Regionen von Bangladesch vollbringen diese Managementaufgabe jeden Tag neu und unter den denkbar widrigsten Umständen. Wir sollten erkennen, dass diese Frauen über wunderbare Fähigkeiten verfügen müssen, denn sonst würden sie und ihre Familien nicht überleben.«

Yunus wollte die Banker in Frankfurt nicht abwerten, sondern sie mit den konkreten Lebensproblemen der Ärmsten der Armen konfrontieren. Für ihn sind die Ärmsten, selbst wenn sie Analphabeten sind, dennoch erstaunlich befähigte Menschen. Sie können mindestens so talentierte Unternehmerpersönlichkeiten sein wie jene, die das Privileg hatten, unter besseren Rahmenbedingungen zu leben und zu agieren. Im Vergleich zu den meisten wohlhabenderen Menschen sind diese Ärmsten der Armen sogar die besseren Kreditnehmer.

Das Treffen in der KfW fand einen Tag nach der ersten großen Preisverleihung für Muhammad Yunus in Europa statt, neun Jahre bevor ihm in Oslo der Friedensnobelpreis überreicht wurde. Arrangiert wurden dieses Bankertreffen sowie zwei weitere Meetings, eines mit dem Vorstand der Dresdner Bank und ein Round Table beim »International Bankers Forum«, von Nancy Wimmer, einer unermüdlichen Vorkämpferin für die Yunus'schen Ideen in Deutschland. Mit ihr zusammen hatte ich Yunus davon überzeugen können, zur Vergabe des »Planetary Consciousness Award« des Club of Budapest nach Deutschland zu kommen. Am 25. Juni 1997 wurde dieser Preis in der Frankfurter Paulskirche gleichzeitig an Michail Gorbatschow, Muhammad Yunus und den Stuttgarter Unternehmer Huschmand Sabet verliehen. Als Laudatoren konnten Richard von Weizsäcker, Sir Peter Ustinov und Lothar Späth gewonnen werden. Noch heute werden die Gäste, die an diesem Ereignis teilnahmen, sich an diesen Sonntagabend wohl nur mit tiefer Emotion erinnern. Selbst Richard von Weizsäcker, der sicher viele große Momente erleben durfte, sagte beim Herausgehen aus der Paulskirche im Gespräch mit dem neben ihm gehenden Lothar Späth, dass er sich an keine derart tief bewegende Veranstaltung erinnern könne.

Einer, der die Bedeutung von Yunus bereits damals sehr klar erkannte, war Lothar Späth. Was er als Laudator sagte, soll hier etwas ausführlicher zitiert werden, weil es das Innovative an Yunus' Konzept zeigt und nicht nur dessen Leistung, sondern auch seine historische Rolle für das Weltgeschehen deutlich macht. In diesem Sinne sind seine Worte auch so etwas wie eine Art Leitfaden für dieses Buch und die Themen, die in der Folge zur Sprache kommen sollen.

Lothar Späth sprach zunächst die erhebliche Stärkung der Wirtschaft und die gleichzeitige Schwächung der Politik im Zuge der Globalisierung an: »Nationale Politik stößt in einer globalen Weltwirtschaft an enge Grenzen; die politischen Mechanismen zur Reaktion auf weltweite Herausforderungen fehlen oder sind nur mit unzulänglichen Befugnissen ausgestattet.« In dieser Situation fällt zwei Akteursgruppen wesentlich mehr Bedeutung und damit auch Verantwortung zu: den zivilgesellschaftlichen Nichtregierungsorganisationen und der Wirtschaft.

Den Nichtregierungsorganisationen, die sich um einen gewissen Ausgleich der immensen globalen Defizite vor allem im sozialen Bereich bemühen, fehle es aber hoffnungslos an den nötigen finanziellen Mitteln und anderen erforderlichen Durchsetzungsinstrumenten. Hier müsse die Wirt schaft deutlich mehr Verantwortung übernehmen. Die global agierenden Unternehmen hingegen, »die finanziell gesehen kleine Volkswirtschaften sind, sind gleichzeitig in den Industrie- und Entwicklungsländern verankert und stehen den Problemen der Entwicklungsländer somit wesentlich näher als die politischen Instanzen in den Industrieländern. Diese Ortskenntnis, verbunden mit ihrer Finanzkraft, zeigt das unvergleichlich effizientere und größere Potential der Wirtschaftsunternehmen zur Problemlösung.«

Doch die Wirtschaft hat in der Analyse von Lothar Späth dieses Potential bisher nur in sehr beschränktem Maße eingesetzt: »Die sozialpolitische Flankierung einer globalisierten Marktwirtschaft als Antwort darauf hat nicht stattgefunden. Folge dessen ist die Verelendung weiter Bevölkerungsschichten in den Entwicklungsländern mit einem Teufelskreis aus Armut, Ernährungs- und Gesundheitsproblemen und Arbeitslosigkeit.« Das weite Aufgabenfeld einer globalen sozialen Marktwirtschaft müsse »im Eigeninteresse der Wirtschaft in den Industrieländern« mit »größtmöglicher Effizienz« entwickelt werden, denn »die Wirkungskette von Kinderarbeit, Lohnverfall, Preisverfall und Handelskrise zeigt beispielhaft, auf welche Weise die ›soziale Frage‹ in den Entwicklungsländern mit den Anliegen der Wirtschaft in den Industrieländern verknüpft ist. Nur mit starken Partnern ist es möglich, Handel zu treiben.« Andererseits: »Almosen und Spenden können nur akute Hilfe in Notsituationen sein. Der Aufbau einer tragfähigen Sozialstruktur auf dem Land erfordert dagegen, dass zunächst Einkommen entstehen kann, das der Bevölkerung eine Existenzgrundlage bietet.«

Späth kam an diesem Punkt auf die besonderen Möglichkeiten der Wirtschaft und auf die Schlüsselrolle des Kleinkreditansatzes als Mittel zur Gestaltung eines besseren sozialen Rahmens in einer globalisierten Wirtschaftswelt zu sprechen:

13

»Das Konzept der von Professor Muhammad Yunus in Bangladesch gegründeten Grameen Bank, … das durch den Grameen Trust weltweite Verbreitung gefunden hat, kann als das ›Missing Link‹ zwischen Kapitalmarkt und Grundbedürfnissen von unterentwickelten Ökonomien angesehen werden.«

Späth schloss seine Würdigung mit den Worten: »Was anfangs belächelt wurde, hat sich als großartiger Erfolg herausgestellt: Rückzahlungsquoten von 98 Prozent bei landesüblichen 12 bis 22 Prozent Zinsen haben die Grameen Bank zu einem Vorbild in über 50 Entwicklungsländern und zu einem gefragten Partner von Weltbank und Geschäftsbanken gemacht … Professor Muhammad Yunus wurde als ›Außenseiter‹ und ›Lichtgestalt‹ bezeichnet. Sein Konzept der Grameen Bank hat sich als visionär herausgestellt. Im Prozess der Globalisierung ist es ein Wegweiser für eine weltweite soziale Marktwirtschaft.«

Am Morgen nach der Preisverleihung fanden in einem winzig kleinen Behelfsstudio in Frankfurt nacheinander zwei Interviews von Franz Alt mit Michail Gorbatschow und Muhammad Yunus statt, die er für seine Sendung »Querdenker« aufzeichnete. In derselben Art wie bei der Bankerveranstaltung antwortete Yunus auf die Fragen von Franz Alt. Nachdem Yunus aufgezeigt hatte, wie revolutionär seine Kleinkredite in der Gesellschaft wirkten, wollte Alt von ihm wissen: »Hatte Ihr Kleinkreditkonzept denn keine Feinde?« »Doch, alle«, antwortete Yunus mit einer selbstverständlichen, fast heiteren Ruhe, als wäre es das Normalste der Welt, dass man alle gegen sich hat, wenn man Neues und Innovatives umzusetzen versucht. Er schilderte dann, wie die Wucherer in Existenzängste verfielen, erzählte von ihren aggressiven Wutattacken, als es plötzlich viel billigere Kredite gab, er berichtete, wie die Männer um ihre Vormachtstellung bangten, als ihre Frauen sich plötzlich mit kleinen Geschäften selbstständig machten, wie Mullahs plötzlich von Ängsten um die allgemeine Moral gepackt wurden, als die Frauen zunehmend mehr Selbstbewusstsein an den Tag legten, er machte klar, wie die Behörden plötzlich allerlei Bedenken äußerten ob der vielen neuen Entwicklungen, die das Kleinkreditwesen anstieß, und wie sich schließlich auch die Hilfswerke durch ein Konzept angegriffen fühlten, das soziale Probleme ausgerechnet durch Banking lösen wollte. Kurz gesagt: Alle waren dagegen. Glaubte ohnehin schon niemand an die vermeintlich absurde Idee, man könne ausgerechnet Menschen, die nie gelernt hatten, mit Geld umzugehen, dieses Geld in Form von Krediten in die Hand geben und ihnen so den Weg aus der Armutsfalle weisen, so musste doch spätestens die geschlossene Front des Widerstands aller Mächtigen gegen dieses Konzept zugunsten der Ohnmächtigsten der Weltgesellschaft dieser Tollheit den Garaus machen.

Aber all diese Widerstände haben Yunus nicht aus der Bahn geworfen. Er ist zutiefst davon überzeugt, dass wir die Armut auf der Welt ausmerzen können. Er ist zutiefst davon überzeugt, dass wir die nötigen Lösungen dazu finden werden, wenn wir die Probleme auf dem Weg dorthin nicht als Hinderungsgründe, sondern als Treibstoff für die notwendigen Innovationen wahrnehmen. Und vor allem: Yunus ist zutiefst davon überzeugt, dass wir dabei die Betroffenen, die Ärmsten nicht länger als Teil des Problems, sondern als Teil der Lösung erkennen oder, anders ausgedrückt: als gleichwertige Menschen ernst nehmen müssen. Und schließlich glaubt Yunus fest daran, dass selbst die Macht des größten Feindes nichts ausrichten kann, wenn gleichzeitig eine genügend starke Hoffnung auf ein besseres Leben im Spiel ist. Wo immer in der Menschheitsgeschichte diese Hoffnung klar und stark genug war, sagt er, da konnte sie durch nichts aufgehalten werden. Für die Ärmsten der Armen ist ein Kleinkredit ein solcher Kristallisationspunkt der Hoffnung. Er ist ein Schlüssel zu einem neuen Selbstwertgefühl, zu mehr Selbstbestimmung, zu mehr Mitbestimmung. In einem Leben fortwährender Demütigung und Missachtung ist ein Kleinkredit in der Wahrnehmung der Menschen am untersten Ende der sozialen Skala die erste und womöglich einzige Chance. Eine solche Chance setzt Kreativität frei. Und es ist diese schöpferische Kraft, die man braucht, um auch an so starken Gegnern nicht zu scheitern, ja sie durch Cleverness zu neutralisieren oder gar aus Feinden Freunde zu machen.

Nach dem kurzen »Doch, alle« beruhigte Yunus die Zuschauer von Franz Alts Fernsehsendung: Ja, es ist gelungen, die meisten der ehemaligen Feinde – vielleicht mit Ausnahme der Wucherer – Schritt für Schritt zu der Erkenntnis zu führen, dass auch sie von den neuen Perspektiven, die der Kredit seinen Empfängern eröffnet, profitieren können. Selbstverständlich war dieser Lernprozess alles andere als einfach und konfliktfrei, und selbstverständlich ist er noch nicht abgeschlossen. Aber er hat angefangen.

# 1. »Meine neuen Professorinnen sind die Armen«
## *Die Universität des Lebens*

Am 28. Juni 1940 wird Muhammad Yunus als Sohn eines Goldschmieds in der Hafenstadt Chittagong geboren, der zweitgrößten Stadt Bangladeschs, im Südosten dieses Landes gelegen, das zu den ärmsten der Welt gehört. Armut musste er am eigenen Leibe nie erfahren, denn die Familie war gut situiert. Auch in Bangladesch funktionieren die üblichen Mechanismen der Abgrenzung gegenüber jenen, die nicht zur eigenen sozialen Schicht gehören. Dies muss nicht aggressiv geschehen, das Motiv des Schutzes für die eigenen Kinder und die Sorge um deren gedeihliche Entwicklung genügt.

Die liebevolle Fürsorge des Vaters – die Mutter war fast immer sehr krank – und die Übernahme von familiärer Mitverantwortung für die insgesamt acht Geschwister trugen beim kleinen Muhammad schon früh erste Früchte. Seine Karriere schien gesichert. Er besuchte die angesehenste höhere Schule in Chittagong und erhielt aufgrund seines ausgezeichneten Abschlusses privilegierten Zugang zum Studium der Volkswirtschaft, das er bereits mit 21 Jahren erfolgreich abschloss. Von 1961 bis 1965 unterrichtete er an der Universität Chittagong als Wirtschaftsdozent die fast gleichaltrigen Studenten. Danach wechselte er dank eines Fulbright-Stipendiums zur Promotion in die USA, an die Vanderbilt-Universität nach Nashville, Tennessee, die als »Harvard des Südens« gilt und eine der teuersten Eliteuniversitäten weltweit ist. Bereits im Jahr 1972, mit 32 Jahren, wurde er zum Professor an die Universität seiner Heimatstadt Chittagong berufen und bald schon vermutete man, dieser junge »Überflieger« könnte in Kürze einer der politischen Führer des Landes sein. Sogar das oberste Staatsamt trauten ihm viele zu. Erst ein Jahr war es her, dass das ehemalige Ost-Bengalen am 26. März 1971 die Unabhängigkeit von Pakistan proklamiert hatte. Am 17. Dezember desselben Jahres war es als Staat völkerrechtlich anerkannt worden. Drei Millionen Menschen hatte der Unabhängigkeitskrieg das Leben gekostet. Yunus kehrte also in ein Land zurück, dessen prekäre politische Lage man allenthalben sehen konnte, in dem aber gleichzeitig Aufbruchsstimmung herrschte und überall Hoffnung auf Frieden und Freiheit zu spüren war.

Der junge Professor wollte den Aufbau seines Landes aktiv mitgestalten. Doch sein Denken und seine Vorstellungen davon, wie er dies erfolgreich tun könne, waren durch seine Sozialisation im Elternhaus und durch sein Studium in den USA geprägt. Er vermittelte den Studenten an seiner Hochschule jene volkswirtschaftlichen Theorien, die im Westen und auch in der Oberschicht seines Landes als Erfolgsrezept für wirtschaftlichen Fortschritt und für Wohlstand galten. Diesen Ruf hatten sich diese Lehren jedoch unter Bedingungen erworben, die mit der Situation in Bangladesch wenig gemein hatten. Eine in ihren Folgen immer noch wirksame jahrhundertelange erniedrigende Kolonialgeschichte und die Tatsache, dass die hochtechnisierten Industrieländer alles tun, um ihren auf Technologie aufgebauten Machtvorsprung auszuspielen und um die daraus resultierenden Wettbewerbsvorteile auf keinen Fall einzubüßen, führten dazu, dass es für die Wirtschaft der Entwicklungsländer keine fairen Wettbewerbsbedingungen gab.

Wie katastrophal die tatsächlichen Bedingungen seines Landes waren und wie wenig die traditionelle Volkswirtschaftslehre hier weiterhelfen konnte, wurde Yunus im Jahr 1974 bewusst. Es grassierte wieder einmal eine Hungersnot, die Bangladesch, das ja durch den erst kurze Zeit zurückliegenden Bürgerkrieg zusätzlich geschwächt war, auf verheerende Weise heimsuchte. Eineinhalb Millionen Menschen verhungerten damals, während er an der Universität »mit astronomischen Summen hantierte«, wie der damals bereits zum Dekan der Fakultät für Wirtschaftswissenschaften aufgestiegene Yunus später in Scham über sein damaliges elitäres Professorenleben schrieb. Der Hunger rückte unübersehbar vor, vom Norden des Landes kommend, bis er auch in den Straßen des Universitätsviertels von Chittagong nicht mehr zu übersehen war. Zwar wurden von der Regierung Volksküchen eingerichtet, aber sie ließen die Zahl der Hungernden nur noch größer erscheinen, so dass man den Eindruck gewann, sie seien überall. Yunus schrieb über diese Erfahrung, die der Schock seines Lebens wurde:

»In einem bestimmten Augenblick sind Leben und Tod so nah beieinander, dass sie kaum noch zu unterscheiden sind, und man hat Mühe zu erkennen, ob die Mutter und das Kind, die vor uns hingestreckt auf dem Boden liegen, noch leben oder sich bereits im Jenseits befinden. Das Sterben verläuft wie in Zeitlupe. Sekunde um Sekunde wird der Abstand zwischen Leben und Tod kleiner.«

Der Tod durch Verhungern ist am allerwenigsten hinzunehmen, erkannte Yunus. Denn alles, was fehlte, war eine Handvoll Nahrung. Plötzlich überkam ihn Selbstverachtung für seine akademische Abstinenz von der Wirklichkeit um ihn herum. Er hatte im elfenbeinernen Turm der Wissenschaft mit Begeisterung seinen Studenten vermittelt, welche ökonomischen Theorien welche ökonomischen Probleme wie lösen würden. Aber jetzt sah er sich schlagartig mit der Realität konfrontiert. »Ich begeisterte mich für die Schönheit und Eleganz dieser Theorien«, sagt er später. Doch die Frage lautete plötzlich anders: »Wozu nützen sie, wenn Menschen auf den Bürgersteigen und vor den Hauseingängen verhungern? Wo war denn die Wirtschaftstheorie, die das wirkliche Leben berücksichtigte?«

»Ich verspürte nur noch einen Wunsch: Ich wollte mich aus dem Staub machen, alle Lehrbücher hinwerfen und das Hochschulleben aufgeben. Ich wollte die Wirklichkeit verstehen, die das Leben eines Armen ausmacht, und die wahre Ökonomie entdecken, also die des wirklichen Lebens.« So fasst Yunus seinen Impuls in diesem schockartigen Erkenntnisprozess zusammen. Er verließ den Universitätscampus und ging nach Jobra, einem armseligen Dorf in der Nähe: »Ich beschloss, wieder Student zu werden. Jobra sollte mir als Universität dienen, und die Einwohner Jobras sollten meine Professoren sein.«

## Der Wechsel an die »Universität des Lebens«

Gemeinsam mit seinem Professorenkollegen Latifee und einigen Studenten setzte er seinen kühnen Entschluss in die Tat um. Immer wieder hat er später in aller Welt bei Hunderten, Tausenden von Vorträgen, Gesprächen und Interviews diese Geschichte erzählt: wie der Starprofessor wieder zum Schüler wurde und wie er mittellose Analphabeten, die nie die kleine Welt ihres Dorfes verlassen hatten, zu seinen Professoren erkor:

»Gehört Ihnen dieser Bambus hier?«, fragte er eine 21 Jahre alte Muslimin, die er nur hinter einem Vorhang spre-

chen konnte, wie es die in Jobra damals noch strikt eingehal-
tenen sozial-religiösen Regeln verlangten.

»Ja«, gab die Frau zur Antwort.

»Wie beschaffen Sie sich den?«

»Ich kaufe ihn.«

»Wieviel bezahlen Sie dafür?«

»Fünf Taka« (was damals dem Gegenwert von 22 US-
Cent entsprach).

»Haben Sie diese fünf Taka?«

»Nein, ich leihe sie mir von den Paikari.«

»Von den Zwischenhändlern? Was handeln Sie mit denen
aus?«

»Am Ende des Tages muss ich ihnen meine Bambusho-
cker verkaufen, um das Darlehen zurückzuzahlen. Was übrig
bleibt, ist mein Gewinn.«

»Wie viel bringt Ihnen das ein?«

»Fünf Taka und 50 Paisa.«

»Sie machen also einen Gewinn von 50 Paisa.«

Sie bestätigte dies mit einem Kopfnicken, das schattenhaft
durch den Vorhang erkennbar war. Ihr Gewinn lag also
umgerechnet bei zwei Cent.

Yunus fragte weiter: »Können Sie sich das Geld denn
nicht anderswo leihen und das Material selbst kaufen?«

»Schon, aber der Geldverleiher würde noch viel mehr von
mir verlangen. Die Leute, die sich mit ihnen abgeben, werden nur noch ärmer.«

»Wieviel nimmt der Geldverleiher?«

»Das hängt davon ab. Manchmal verlangt er zehn Prozent
pro Woche. Einer meiner Nachbarn muss sogar zehn Prozent pro Tag zahlen.«

Der Wirtschaftsprofessor war entsetzt: Welche Ökonomie
in der Welt kann unter solchen Bedingungen funktionieren?
Wo blieb der Aufschrei der gelehrten Volkswirtschaftler in

aller Welt? Wo war die Analyse dieses schlichten Zusammenhangs, der doch offenkundig ursächlich für die Armut rund um den Globus ist?

Ihm war klar: Wer diese real existierende Ökonomie nicht zur Kenntnis nimmt, der kann nicht ernsthaft von »Marktwirtschaft« oder auch nur von »Ökonomie« und auch nicht von »Entwicklungshilfe« sprechen. Oder kennt jemand irgendeinen Flecken in der Welt, wo eine Ökonomie funktionieren kann mit einem Jahreszinssatz von 14200 Prozent? Auf diesen Zinssatz kommt man, wenn man einen Wochenzinssatz von zehn Prozent per Zins und Zinseszins auf ein Jahr hochrechnet. Mit anderen Worten: Man kommt auf astronomische Zinszahlungen in einer Größenordnung, die jegliche Vorstellungskraft sprengt. Wie kann man bis heute in den Vorlesungssälen ehrenwerter Universitäten und in den Berichten renommierter Finanzinstitutionen von »Trickle-down-Effekten« sprechen, die angeblich den Ärmsten zugutekommen, wenn man die Reichen – zusätzlich zu ihren spektakulären Gewinnen – noch weiter mit der Verbesserung ihrer Rahmenbedingungen »motiviert«, während man gleichzeitig das Ausbeutungssystem der beschriebenen Zinspraxis schlicht ignoriert?

Der Schock, der den Professor traf, war zweifach. Einmal musste er die Nutzlosigkeit der traditionellen Volkswirtschaftslehre für die Lebenssituation der Armen einsehen. Und dann folgte bei Yunus der Schock über die Ignoranz seiner Gelehrtenzunft gegenüber dieser hoffnungslosen Ausbeutungssituation, in der die Ärmsten gefangen waren. Dieser Schock wurde noch einmal gesteigert, als er durch eine simple Befragung der Betroffenen feststellte, wie wenig eigentlich erforderlich war, um diesen Mechanismus der Armut zu durchbrechen.

Er beauftragte eine Studentin, herauszufinden, wie hoch der Kredit wäre, den die Dorfbewohner bräuchten, um sich aus den Fängen der Zwischenhändler und Geldverleiher zu befreien und sich die Rohstoffe für ihre Arbeit selbst zu kaufen. Die Studentin – sie hieß Maimuna – kam mit einer Namensliste von 42 Personen zurück, die in der Summe ganze 856 Taka bräuchten – den Gegenwert von 27 US-Dollar! So lächerlich gering war der Preis für den Ausweg aus dem Teufelskreis der Armut. Yunus sagt, dass er in dieser Minute einen regelrechten Ekel verspürte. »Wie ein Hund, der mit seinem Knochen herumspielt, wälzte ich dieses Problem in Gedanken unablässig hin und her«, berichtete er später. Er entschloss sich, diese 27 Dollar mit der Maßgabe zu verleihen, dass die Kreditnehmer diese Darlehen zurückzahlen sollten, sobald sie dazu in der Lage waren.

Damit war der Grundstein für den Aufbau einer Bank für die Armen gelegt – und, wie sich in der Folge zeigen sollte, für die Widerlegung einer sehr langen Kette von ebenso unwürdigen wie unhaltbaren Vorurteilen über die Armen. Er bezeichnete die Armen daher im Gespräch mit Menschen mit solchen Vorurteilen gerne als die »bankgeschäftlich Unberührbaren« in einem »finanziellen Apartheidsystem«. In seinem 1997 erschienenen Buch *Grameen* führte er nicht weniger als 18 kardinale Vorurteile an. Sie sollen im weiteren Verlauf dieses Buches zur Sprache kommen.

Obwohl sie nie ernsthaft mit Armen gesprochen haben und insbesondere nie versucht haben, ihnen Kredite zu geben, glauben manche »Experten« aus Wissenschaft, Politik und Wirtschaft, man dürfe Armen keine Kredite geben, da sie unfähig seien zu sparen, zu investieren sowie vorausschauend und selbstständig zu denken oder zusammenzuarbeiten. Yunus war über dieses Ausmaß an blinder Überheblichkeit schockiert, und das motivierte ihn außerordentlich, selber den Beweis für die Haltlosigkeit einer solchen Einschätzung anzutreten.

Vor allem die geradezu lächerlich geringen Beträge der Kredite, die die ersten Schritte aus der Armutsfalle ermöglichen, müssen Bewohner der westlichen Industrienationen immer wieder in Staunen versetzen: In den 80er und 90er Jahren pendelte sich der Anfangskredit bei Grameen auf etwa 20 bis 30 Dollar ein. Spätere Kredite für größere Investitionen bauen darauf auf. Entscheidend ist jedoch der Anfang, der es den Ärmsten erlaubt, das, was sie zuvor schon in Abhängigkeit von Zwischenhändlern und Wucherern getan haben, nunmehr auf eigene Rechnung zu tun und in die eigene Tasche zu wirtschaften. Der selbst hergestellte Bambusstuhl ist dann nicht mehr länger ein Produkt der Ausbeutung, sondern wird zum Symbol des eigenen Unternehmertums.

## Wie funktioniert eine Kleinkreditbank für die »Ärmsten«?

In vielen Gesprächen und Beratungen mit den Betroffenen entwickelten Muhammad Yunus und sein Team schrittweise ein immer besser funktionierendes System der Vergabe von Kleinkrediten.

Neun Jahre lang war das Ganze ein offenes Experimentierfeld im Projektstatus. Nach ersten erfolgreichen Experimenten mit der Kleinkreditvergabe an Menschen, die keinerlei Sicherheiten zu bieten hatten, versuchte er zunächst, die Banken davon zu überzeugen, dass dies ein neues Geschäftsfeld für sie sein könne. Doch diese erklärten ihn für verrückt. Bestenfalls hielten sie ihm zugute, dass seine Experimente aufgrund seines persönlichen Charismas funktioniert hätten. Generalisierbar seien sie jedenfalls nicht. Daraufhin organisierte er von Privatpersonen und Stiftungen Gelder, mit denen er seine Experimente ausweiten konnte. Langsam fand seine Arbeit Anerkennung. Aber noch immer glaubte niemand daran, dass das, was er vorantrieb, ein normales Banking sei, nur zugeschnitten auf eine bisher »vergessene« Zielgruppe: die 50 bis 75 Prozent der Menschheit, die bei keiner Bank der Welt als kreditwürdig gelten, weil sie nicht genügend Sicherheiten vorzuweisen haben. Erst 1983 entschloss sich Yunus, sein Projekt selbst in den Status einer richtigen Bank zu überführen. Er gab ihr den Namen Grameen Bank, was so viel wie Dorf-Bank bedeutet. Eine Institution war geboren.

Doch was waren die entscheidenden Lernschritte bis zu diesem Status? Sie hingen mit dem zusammen, was Yunus später die Sicherheitsfaktoren nannte.

● Sicherheitsfaktor Überlebenswille

»If you think you can, you can. If you think you can't, you're right.« Dieser Spruch hängt als Poster an der Wand der einfachen Hütte einer Kreditnehmerin der Grameen Bank. Ihre Tochter, für die sie inzwischen sogar einen Kredit für ein Studium finanzieren kann, hatte ihr das Poster geschenkt. Zwar konnte die Frau als Analphabetin den Spruch gar nicht lesen, sie verstand ihn aber – nachdem ihre Tochter ihn vorgelesen und erläutert hatte – umso tiefer. Für sie wurde er zur Bestätigung ihres neuen Lebensmottos. Und er drückte ihre eigene Lebenserfahrung aus und die vieler anderer Frauen.

Die erste große, ja vielleicht entscheidende Erkenntnis für die Entwicklung des gesamten Grameen-Konzeptes war: Arme Menschen verfügen zwar über keine »dinglichen Sicherheiten«, also keine Sicherheiten in Form von Gebäuden oder sonstigen Sachwerten, die sie zur Übereignung an die Bank anbieten könnten für den Fall, dass sie ihren Kredit nicht zurückzahlen können. Sie verfügen dafür aber über eine viel bessere Sicherheit: ihren schicksalserprobten Überlebenswillen. Für diese Menschen ist ein Kredit die vermutlich einzige Chance, die sie je in ihrem Leben erhalten, um aus eigener Kraft einer ansonsten hoffnungslosen Situation zu entkommen. Kann es eine bessere Sicherheit geben?

Die Untersuchungen eines Forscherteams um den peruanischen Ökonomen Hernando de Soto, der auch als Berater zahlreicher Regierungen tätig war, haben gezeigt, dass die größte und schier unüberwindbare Hürde bei Unternehmensgründungen durch Arme weniger der Mangel an materiellen Sicherheiten ist als vielmehr der damit verbundene enorme bürokratische Aufwand. De Sotos Team ermittelte in fünf Metropolen auf drei Kontinenten – Lima, Mexico City, Port-au-Prince, Kairo und Manila – wie lange es dauert, bis jemand aus den Armenghettos eine Ein-Mann-Schneiderei anmelden kann und wie viel ihn dies kostet: Die Anmeldung dauerte im Schnitt 289 Tage und kostet das gesamte Einkommen von zweieinhalb Jahren. Unter solchen Bedingungen wird mehr als die Hälfte der Menschheit systematisch in die informelle Wirtschaft oder in sklavenhafte Abhängigkeitsverhältnisse getrieben. De Soto zeigte außerdem in umfassenden Studien, dass der größte Teil der weltweit 3,8 Milliarden besonders armen Menschen keineswegs völlig mittellos ist. Allein der Wert ihrer Immobilien, die natürlich keine Luxuswohnungen sind, sondern Baracken, Favelas, selbstgebaute Behelfshäuser, beläuft sich nach de Sotos Berechnungen auf nicht weniger als 9,3 Billionen US-Dollar. »Diese Summe ist zwanzigmal so hoch wie das Gesamtvolumen ausländischer Direktinvestitionen in allen Ländern der Dritten Welt und des ehemaligen Ostblocks während der zehn Jahre nach 1989, 46-mal so hoch wie alle Weltbankkredite in den letzten dreißig Jahren und 93-mal so hoch wie die gesamte Entwicklungshilfe aller fortgeschrittenen Länder für die Dritte Welt im gleichen Zeitraum«, schreibt de Soto.

Wenn diese Menschen ihre kleinen dinglichen Sicherheiten für die kleinen Kredite, die sie bräuchten, um auf eine nächste Stufe wirtschaftlicher Wertschöpfung zu kommen, tatsächlich einsetzen könnten, sähe die Welt heute völlig anders aus. Vermutlich wären dann nicht 3,8 Milliarden arm, sondern vielleicht nur noch die Hälfte davon oder gar nur ein Drittel. Doch ausgerechnet bei den Armen versagen die Behörden weltweit nahezu vollständig. Die bürokratischen Hürden zur Eintragung von kleinen Immobilienwerten sind so groß, dass nahezu niemand aus diesem Teil der Weltgesellschaft je ein Katasteramt von innen gesehen hat. Ihr Besitz wird dadurch in investiver Hinsicht komplett wertlos gemacht. Und selbst wenn sie trotzdem versuchen, sich mit einem kleinen Geschäft legal und formell selbständig zu machen, bleibt ihnen auch dies faktisch verwehrt.

Muhammad Yunus konzentrierte sich mit seinem Projekt der Grameen Bank nicht auf die Armen, sondern ganz bewusst auf die Allerärmsten. Er tat dies aus der Überzeugung heraus, dass diese die Unterstützung eines ganz auf sie zugeschnittenen Bankensystems am nötigsten haben. Davon unabhängig machte er in der Experimentierphase jedoch eine höchst überraschende Feststellung, die er über die Jahre immer wieder empirisch bestätigt sah: Je weniger Sicherheiten jemand vorzuweisen hatte, desto sicherer und pünktlicher zahlte er seinen Kredit zurück. In genauer Umkehrung der Sicherheitsphilosophie der »normalen« Banken gewährt die Grameen Bank Kredite auf den Nachweis hin, dass man tatsächlich über keinerlei Sicherheiten verfügt. Yunus sagte einmal ganz ernsthaft: »Aus Erfahrung wissen wir, dass man einen Misserfolg riskiert, wenn man Arme und Nicht-Arme unterschiedslos mischt. Wir legen den Kreditanwärterinnen so viele Hindernisse in den Weg, dass nur die wirklich Armen bereit sind, diesen Weg zu

gehen.« Natürlich sind mit Hindernissen keine Willkürmaß-
nahmen gemeint, sondern die sehr ernsthafte Überprüfung,
ob die Kreditwilligen zu den Allerärmsten zählen, ob sie
wirklich bereit sind, sich auf die anspruchsvollen Standards
der Grameen Bank einzulassen, und ob sie diese wirklich
genau verstanden haben.

Yunus und seine Kleinkreditbank haben millionenfach
diesen Nachweis erbracht: dass die größte aller Sicherheiten
in der Tat der Überlebenswille ist, der Wille, aus dem
Zustand modernen Sklaventums einen Ausweg zu finden.
Darauf beruht die Grundentscheidung der Grameen Bank,
die Entscheidung also, weder den Reichen Geld zu geben,
damit diese es zum Wohle der Armen einsetzen, noch den
Armen, da diese wohl etwas mehr vom Umgang mit Geld
verstünden als ausgerechnet die Ärmsten der Armen. Diese
letztere Position ist vor allem bei den Hilfswerken verbreitet.
Yunus hingegen hat sich aufgrund seiner empirischen Erfahrungen dafür entschieden, sich tatsächlich auf die Allerärmsten zu konzentrieren. Dies kann, so lautet seine Überzeugung, die Funktionsfähigkeit von Kleinkrediten am besten
gewährleisten!

Die Grameen Bank kommt auf eine Rückzahlungsquote
von über 99 Prozent und übertrifft damit alle Geschäftsbanken bei Weitem. Dies ist sicher nicht allein dem hier zuerst
genannten Sicherheitsfaktor Überlebenswillen geschuldet,
aber dieser bildet ein Fundament, das gar nicht wertvoll
genug eingeschätzt werden kann.


● Sicherheitsfaktor Frau

»Ich habe die Verantwortung für das Geld«, sagt Sajeda
Begum stolz und bestimmt. Ihr Mann nickt. Er hat auch keinen Grund zu klagen, denn seine Frau hat klug gewirtschaf-

tet: »Im Juli verkaufen wir Jute, der Zuckerrohranbau bringt uns im November Einkommen und der Reis im Mai. Wir können es uns sogar leisten, einen Teil der Körner aufzuheben, bis die Preise zum Saisonende wieder steigen. So viel Sicherheit konnten wir uns früher gar nicht vorstellen«, erzählt Sajeda Begum. Diese Aussage ist typisch.

Als ein zweiter Sicherheitsfaktor bzw. als eine weitere Ursache für die einzigartigen Rückzahlungsquoten der Grameen Bank erwies sich etwas Überraschendes: das Geschlecht. Die Erfahrungen zeigten, dass Männer bei sonst gleichen Rahmenbedingungen ihre Kredite zu 85 Prozent zurückzahlten. Die Frauen kamen auf nahezu 100 Prozent.

Yunus ist kein Feminist, sondern Empiriker und Ökonom. Als solcher kam er zu der im Ergebnis höchst revolutionären Praxis, dass in seiner Bank fast nur Frauen Kredite erhalten. Der Kontrast zur Praxis der traditionellen Bankenwelt könnte kaum schärfer sein: Weltweit liegen noch immer weit unter zehn Prozent des Weltvermögens in Frauenhänden, in Bangladesch weit unter einem Prozent. Ebenfalls weit weniger als ein Prozent der Bangladeschifrauen verfügte bis zum Start der Grameen Bank überhaupt über ein Bankkonto. Bei der Grameen Bank sind die Verhältnisse auf den Kopf gestellt: 94 Prozent der Kreditnehmer sind weiblichen Geschlechts. Und diese sind damit zum allergrößten Teil gleichzeitig auch die Inhaberinnen der Grameen Bank, denn diese gehört zu 94 Prozent den Ärmsten selbst (sechs Prozent müssen aus rechtlichen Gründen in Bangladesch beim Staat verbleiben). Sogar im Vorstand der Grameen Bank dominieren die Frauen. Neun der 13 Mitglieder des Direktoriums werden jeweils aus den Reihen der Kreditnehmerinnen gewählt, die zugleich Genossen der Bank sind, die übrigen sind neben Yunus selbst noch drei Vertreter aus Regierung und Wissenschaft.

In Bangladesch tragen inzwischen zwar auch vereinzelt Frauen Regierungsverantwortung, eine breite Frauenrechtsbewegung hat es in diesem Land jedoch nie gegeben. Insbesondere in den ländlichen, sehr religiös geprägten Regionen, in denen die Grameen Bank verbreitet ist, werden Frauen bis heute stark diskriminiert. Da die Diskriminierung religiös begründet und verbrämt wird, sind die damit verbundenen Haltungen und tradierten Handlungen besonders hartnäckig und zäh. Der Grameen Bank ist es gelungen, inmitten einer muslimischen Männergesellschaft ein funktionierendes System weiblicher Selbstbestimmung aufzubauen.

Yunus fasste seine Beobachtungen in der nüchternen Feststellung zusammen: »Sobald die Frauen auch nur die allerbescheidenste Möglichkeit erkennen, sich aus der Armut zu befreien, erweisen sie sich als kämpferischer als die Männer.« Und: »Wir haben festgestellt, dass die im Elend lebenden Frauen sich besser und schneller an den Prozess der Selbsthilfe anpassen als die Männer. Außerdem sind sie aufmerksamer, sind intensiver darum bemüht, die Zukunft ihrer Kinder sicherzustellen, und zeigen eine größere Beständigkeit bei der Arbeit.«

Auch der Wille, die Rahmenbedingungen für die gesamte Familie zu verbessern, ist bei den Frauen deutlich stärker ausgebildet als bei den Männern, die eher dazu neigen, einmal erworbenes Geld in schnellen und vergänglichen Konsum zu stecken: »Wenn eine arme Mutter beginnt, etwas Geld zu verdienen, so verwendet sie ihr Einkommen zuerst für ihre Kinder. Danach kommt das Haus an die Reihe: Sie erwirbt einige Utensilien, lässt das Dach ausbessern und verbessert die Lebensumstände der Familie.«

Frauen denken zweifelsohne unternehmerischer und ganzheitlicher als Männer. Dies gilt in jedem Fall für Bangladesch, wie zahlreiche wissenschaftliche Studien nachwiesen, die die Wirkweise von Grameen untersucht haben. Aber dies gilt natürlich ebenso sicher für alle Armutsregionen weltweit, in denen bisher Kleinkreditprojekte nach dem Vorbild von Grameen durchgeführt wurden. Auch in diesem Sektor hat Yunus also genau entgegen dem blind tradierten vermeintlichen Wissen der traditionellen Banken gehandelt und damit einen neuen Sicherheits- und Erfolgsfaktor im Banking entdeckt. Vor dem Hintergrund dieses zweiten neuen Sicherheitsfaktors wird nun auch klar, weshalb Yunus von »seinen neuen Professor*innen*« sprach, als er seine neuen Lehrer benannte, die ihm beibrachten, wie Armut überwunden werden kann.

● Sicherheitsfaktor Team ●

Oloka Gosh aus dem Dorf Kholshi war von der Geschichte ihrer Freundin Amena tief bewegt, die von den endlosen Schlägen ihres Mannes genug hatte und endlich den Mut fand, mit jemanden darüber zu sprechen. Sie empfahl ihr, Kontakt mit einer Gruppe von Frauen aufzunehmen, die gerade dabei waren, eine erste Grameen-Kreditgruppe in dem Dorf aufzubauen. »Ich werde mich für dich einsetzen, denn ich weiß, du wirst als Geschäftsfrau Erfolg haben.« Und sie erläuterte, dass ihr dies mehr Unabhängigkeit von ihrem Mann, aber auch mehr Respekt von seiner Seite bescheren werde. Das Kreditteam nahm Amena auf und sie wurde eine besonders erfolgreiche Kleinunternehmerin. Der erste Kredit von 60 Dollar wie auch die Ratschläge ihrer Teamkolleginnen hatten tatsächlich zur Folge, dass die Gewaltausbrüche ihres Mannes seltener wurden. Es war die Erfahrung einer neuen Gemeinschaft, die einen anderen Menschen aus ihr machte und gleichzeitig ihre Umgebung positiv beeinflusste.

Ein dritter Faktor des Erfolgs von Grameen liegt also in der Bedeutung von Kredit-Teams als Teams. Auch bei dieser Entdeckung basierte der Durchbruch auf einer ebenso simplen wie evidenten Feststellung: »Allein fühlen sich die Armen Gefahren aller Art ausgesetzt. Die Zugehörigkeit zu einer Gruppe dagegen vermittelt ihnen ein Gefühl der Sicherheit.«

Nach einigen Versuchen und Wirrungen im Experimentieren mit dem Teamfaktor kam Grameen schließlich zu folgender Regel: Ein Kreditnehmer bzw. eine Kreditnehmerin erhält nur dann einen Kredit, wenn er bzw. sie vier weitere Personen findet, die ebenfalls einen Kredit von Grameen haben möchten. Alle fünf Kreditempfänger bürgen wechselseitig füreinander. Da niemand im Team über dingliche Sicherheiten verfügt, geht es bei dieser Art von Bürgschaft letztlich darum, für die anderen Teammitglieder Verantwortung zu übernehmen. Die Sanktion, die bei Nichtrückzahlung droht, betrifft unmittelbar auch die anderen Teammitglieder: Sie bekommen dann ihren Kredit nicht. Zuerst erhalten zwei der fünf Kreditwilligen ihren ersten und sehr kleinen Kredit von durchschnittlich 12 bis 15 Dollar. Wenn sie diesen nach der vereinbarten Zeit von vier bis sechs Wochen zurückbezahlt haben, erhalten die nächsten beiden im Team ihre Kredite. Die Teamverantwortliche kommt erst zum Schluss an die Reihe. Aber die durch die Teamkonstellation ausgelösten Effekte lassen es fast nie zu diesem Sanktionsmechanismus kommen. Stattdessen spielt sich meist Folgendes ab: Das Kreditteam ist zunächst ein Beraterteam. Man berät sich wechselseitig bei den jeweiligen geschäftlichen Vorhaben, die man mit seinem Kredit umsetzen will. Und man berät gemeinsam, wie man sich gegenseitig unterstützen kann, wie man gemeinsam verbesserte Rahmenbedingungen schaffen kann, wie man Schwierigkeiten überwinden kann, wie man vielleicht sogar die unterschiedlichen Geschäfte synergetisch miteinander verknüpfen kann. Modernes Consulting in Industrieländern erhält dadurch sein Pendant in den ländlichen Armutsregionen Bangladeschs. Letzteres ist in mancher Hinsicht vielleicht sogar moderner, weil es die Vorteile von gruppendynamischen Prozessen intensiver nutzt: Zehn Beobachteraugen sehen mehr als zwei, wechselseitiger Nutzen verbindet und motiviert mehr, gleiche Augenhöhe aller Beteiligten schafft größere Nachhaltigkeit und Verbindlichkeit. Und ein Team, das gleichzeitig eine verschworene Gemeinschaft in einem schwierigen Umfeld zusammenwachsen lässt, setzt andere Energien frei als eine Consultingsituation, die nach einem begrenzten Auftrag wieder aufgelöst wird.

Das Kreditteam hat aber auch ein wechselseitiges und effizientes Controlling zur Folge. Da jedes Teammitglied auf den Erfolg der anderen angewiesen ist, funktioniert dieses Controlling sehr wirkungsvoll. Anzeichen für Probleme werden meist früh erkannt und, bedingt durch die Interessenlage aller, mit echtem Teamgeist schnell behoben. Dies hat einen weiteren positiven Nebeneffekt: Die Bank erspart sich auf diese Weise ein aufwendiges eigenes System zur Absicherung von vergebenen Krediten.

Das Kreditteam ist zudem auch ein Motivationsteam. Es gibt jedem Einzelnen einerseits mehr Sicherheit und andererseits mehr Antrieb, sich in der Gruppe zu bewähren. So entsteht ein Solidaritätsgefühl in der Gruppe, und wenn es mehrere Kreditteams in einem Dorf gibt, motivieren sie sich gegenseitig. Jedes Team wird dadurch dazu angespornt, sich besonders anzustrengen, um im Vergleich zu den anderen möglichst gut dazustehen.

Damit es nicht zu Spannungen innerhalb der Familie kommt, dürfen die Teammitglieder nicht aus derselben Familie kommen.

33

Die Grameen Bank regt eine kreditwillige Person dazu an, sich eigenständig auf die Suche nach vier weiteren zu machen. Aber sie bietet andererseits auch intensive Hilfe bei der Teambildung und der Vorbereitung auf die erste Kreditnahme an. Ihre Mitarbeiter stellen vor Ort sicher, dass alle, die ein Team bilden, die erforderlichen Prinzipien und die Vorgehensweise der Grameen Bank sehr genau verstanden haben. Dies gilt noch einmal deutlich verstärkt für das erste Team in einem Dorf. Hierfür wurde Grameen von außen oft scharf kritisiert, doch Yunus begründet diese erschwerten Startbedingungen damit, dass ein erfolgreiches erstes Beispiel besonders wichtig sei, um den Erfolg aller weiteren Kreditgruppen im Dorf zu erleichtern.

Auf einer zweiten Ebene werden bis zu acht Kreditteams zu einem »Zentrum« zusammengefasst. Diese treffen sich zu einem festen Termin mit einer oder einem Bankangestellten. Bei diesen Versammlungen tätigen die Mitglieder ihre Rückzahlungen sowie ihre Einzahlungen auf ihr Sparkonto und diskutieren über neue Kreditanträge und andere wichtige Themen von gemeinsamem Belang. Auf einer zweiten Ebene sollen diese »Zentren« bei Problemen und bei schwierigen Einzelfällen Hilfe leisten. Für diese Notfälle bauen die Kreditnehmerinnen eine Art Sicherungsfonds auf, in den sie alle fünf Prozent des Kreditbetrags einzahlen.

Yunus fasst die Effekte der Kreditteams so zusammen: »Ein Kredit von Grameen umfasst nicht nur das reine Geld, sondern ist zugleich eine Art Passierschein zur Selbsterkenntnis und Selbsterkundung. Die Kreditnehmerin beginnt ihre Möglichkeiten zu entdecken und ihre verborgene Kreativität zu erfahren.«

Erneut stellt Yunus die übliche Bankphilosophie auf den Kopf: Bankgeschäfte sind bei Grameen keine »höchst private« Angelegenheit, sondern Teil eines Gruppen- und

Gemeinschaftsprozesses, ohne den bei dieser Bank kein einziger Kredit vergeben wird.

● Sicherheitsfaktor Transparenz – plus Vertrauen

»Wie ist es möglich, dass in einem der korruptesten Länder der Welt ausgerechnet eine Bank für die Armen vor der gesellschaftszersetzenden Seuche der Korruption bewahrt bleibt?«, wollte ein Journalist von Yunus wissen. »Wir mussten die Kundinnen so einbinden, dass es ihnen leicht fällt, rechtschaffen zu bleiben«, gab er zur Antwort und benannte damit zugleich den vierten Sicherheitsfaktor seiner Bank – absolute Transparenz.

Alle Bankgeschäfte der Grameen Bank finden an öffentlichen Orten statt: Auszahlungen, Einzahlungen, Vereinbarungen, Problemlösungen, nichts davon ist geheim und niemand hat ein Problem mit der damit verbundenen Transparenz. Ganz im Gegenteil: Das Tilgen von Schulden wird zum Gemeinschaftserlebnis. Zwar sind die meisten Erstkreditnehmerinnen noch Analphabeten, sie lernen jedoch vor ihrer ersten Kreditnahme, ihren Namen zu schreiben und Geld zu zählen. Wenn die Frauen bei den wöchentlichen Banktreffen öffentlich ihren Namen in die Teilnehmerlisten eintragen und an allen dort getätigten Transaktionen teilnehmen, stärkt dies ihr Selbstvertrauen und vermittelt ihnen die Sicherheit, dass alles mit rechten Dingen zugeht.

Transparenz schafft Vertrauen, den wohl wirkungsvollsten Schutz vor Korruption. Überall, wo über Gelddingen der Schutzmantel der Verschwiegenheit ausgebreitet wird, entsteht auch die Gefahr von Korruption. Für dieses Phänomen gibt es zahlreiche Beispiele. Und trotzdem gilt der Schutz der Privatsphäre und die Verschwiegenheit in geschäftlichen und Gelddingen als ein Heiligtum, an dem nur die geringstmöglichen Abstriche zugunsten des gemeinschaftlichen Interesses an Transparenz gemacht werden dürfen.

Ausgerechnet in jenem Land, das auf der jährlich von Transparency International herausgegebenen Hitliste der Korruption auf einem der letzten Plätze steht, gibt nun eine Bank das Beispiel für die konsequenteste Transparenz in der gesamten Bankenwelt.

Die Transparenz schützt bei Grameen nicht nur vor der Geißel der Korruption, sondern trägt ebenfalls nachhaltig zu der hohen Rückzahlungsquote bei. Wenn der Ausweg des Versteckens oder der Mauschelei versperrt ist, bleibt kein anderer Weg, als eventuelle Probleme in die Teamberatung einzubringen und dort gemeinsam nach einer konstruktiven Lösung zu suchen. Dies bedeutet für jeden Einzelnen ebenso wie für die Gemeinschaft und nicht zuletzt natürlich auch für die Bank den besten Schutz.

Die so praktizierte Transparenz hat einen weiteren positiven Nebeneffekt: gegenseitiges Vertrauen unter allen Beteiligten. Im Grameen-System spielen Polizei, Anwälte und Gerichte keine Rolle. Für Yunus ist klar, warum: »Wir setzen voraus, dass wir unsere Probleme selbst lösen können. Wenn wir es nicht schaffen, sollten wir das Bankgeschäft besser aufgeben.« Nicht einmal schriftliche Verträge existieren bei Grameen, sagt er: »Wir stellen Beziehungen zwischen Menschen und nicht zu Papieren her.« Diese Transparenz führt zu einer außergewöhnlichen Vertrauensbasis und stellt außerdem sicher, dass das System zum wechselseitigen Nutzen konzipiert ist und gegebenenfalls in diesem Sinne gemeinsam immer weiterentwickelt wird.

Yunus stellt in seiner Bank dem sonst vorherrschenden Prinzip Misstrauen, das sich in Bergen von Formularen und Vertragswerken widerspiegelt, das entgegengesetzte Prinzip Vertrauen gegenüber.

Der sicherste Weg, Arme von der Bankenwelt komplett aus-
zuschließen, bestand darin, dass Banken nur an ihre eigene
Absicherung dachten, sich aber weigerten, über intelligente
Mechanismen nachzudenken, die für beide Seiten gleichzeitig Sicherheit schufen. Die Absurdität der Bankenlogik in
diesem Punkt wird in einem Dialog deutlich, den Muhammad Yunus einmal mit einem Filialleiter der Regierungsbank
Janata führte. Als einen der vielen Gründe, weshalb es
unmöglich sei, dass eine Bank Kredite an Arme vergibt,
führte der Filialleiter an: »Das sind Leute, die weder lesen
noch schreiben, also nicht einmal unsere Formulare ausfüllen
können.« Yunus konterte: »In einem Land mit 75 Prozent
Analphabeten ist die Forderung nach dem Ausfüllen von Formularen lächerlich. Mir scheint, dass Ihr Bankensystem
darauf abzielt, die Analphabeten zu diskriminieren.« Dieses
Problem müsse doch lösbar sein, sei es durch Betreuer oder
auf andere Weise, argumentierte Yunus, aber der Beamte ver-
teidigte die ausgrenzende Bürokratie und verschloss sich der
Suche nach anderen einfachen Lösungen.

Die Lehre der Bürokratie lautet: Je einfacher ein Ablauf
organisiert ist, desto transparenter und effizienter ist er,
desto weniger anfällig für Störungen, desto leichter zu kontrollieren und desto leichter zu vermitteln. Nicht zuletzt gilt
also: Auch Einfachheit ist ein Faktor der weiteren Absicherung, sei es bei Krediten für die Armen oder für traditionelle
Kreditkunden, denn durch die Einfachheit können alle Involvierten die Abläufe leichter kontrollieren – die Kreditrückzahler haben ihre eigenen Planungen leichter im Griff, und
die Bankangestellten können die ordentliche Rückzahlung
leichter überblicken.

Grameen strebte von Anfang an ein Höchstmaß an Einfachheit an. Dabei erwies sich folgendes System als das erfolgreichste im Umgang mit Kleinkrediten:

- Die Laufzeit eines Darlehens ist in der Regel auf ein Jahr festgelegt.
- Die Tilgung erfolgt wöchentlich mit einem Festbetrag.
- Der Tilgungsbeginn ist eine Woche nach der Darlehenszuteilung.
- Der Zinssatz liegt bei 20 Prozent.
- Die Tilgung beträgt zwei Prozent wöchentlich über 50 Wochen, das heißt: 50 x 2 bedeutet vollständige Tilgung nach 50 Wochen
- Die Zinsen betragen bei einem Darlehensbetrag von 1000 Taka vier Taka wöchentlich, also vier Promille, was sich über die 50 Wochen zu 20 Prozent addiert.

Der nach westlichen Maßstäben hoch erscheinende Zinssatz von 20 Prozent zog dabei immer wieder auch teils sehr scharfe Kritik auf die Grameen Bank. Ein solcher Zinssatz sei ausbeuterisch und überfordere die wirtschaftlichen Möglichkeiten gerade der Ärmsten.

Beide Argumente spiegeln freilich nur die Unkenntnis der tatsächlichen Zusammenhänge am Ort des Geschehens in Bangladesch wider. Aufgrund der gesamtökonomischen Rahmenbedingungen sind in Bangladesch die Zinssätze für alle Geschäftskredite ein ganzes Stück höher, als wir es in Deutschland und Mitteleuropa gewohnt sind. Alle Unternehmen in Bangladesch zahlen Zinsen in dieser Höhe. Und obwohl alle Banken dort sehr lange behaupteten, es sei schon aus reinen Kostengründen unmöglich, minimale Kreditbeträge an Arme zu vergeben, braucht Grameen für ein rentables Bankgeschäft mit den Armen keine höheren Zinsen zu verlangen als die traditionellen Banken für ihre Klientel. Dieser Zinssatz ist weder ausbeuterisch noch überfordert er die

Armen, da die Wertschöpfung, die durch den Kredit ermöglicht wird, einen Gewinn zulässt, der auch nach Abzug der Grameen-Zinsen ungleich höher ist als früher, als fast alles von den Zwischenhändlern und Kreditwucherern abgeschöpft wurde.

Wie bei allen zuvor genannten ungewöhnlichen Faktoren gilt auch für den Sicherheitsfaktor Einfachheit, dass dieser stark mit der in den Industrieländern weit verbreiteten Komplexität der Abläufe kontrastiert. Yunus und seine Grameen-Leute scheinen die traditionellen Bankprinzipien tatsächlich in ihr Gegenteil zu verkehren – und plötzlich funktioniert ein Banking für die Armen.

● Sicherheitsfaktor Vielfalt

Der zur Einfachheit komplementäre Sicherheitsfaktor ist jener der Vielfalt.

Ein Höchstmaß an Einfachheit – im westlichen Jargon würde man heute wohl von »Bürokratieabbau« sprechen – schafft gleichzeitig sehr viel Freiraum für individuelle Kreativität. Hierin sieht Yunus einen weiteren Faktor, der eine gute Rückzahlungsfähigkeit bewirkt und damit die Sicherheit erhöht.

Schon in den 1970er Jahren betonten Systemwissenschaftler den Wert von »fehlerfreundlichen Systemen« im Unterschied zu »fehlerfeindlichen Systemen«. Damals sah man die westliche Marktwirtschaft als den besten Erfolgsbeleg für die erste Art von Systemen und die staatlichen Planwirtschaften als abschreckendes Beispiel für die zweite Art. »Fehlerfreundliche Systeme« schützen einen möglichst großen Freiraum für möglichst viele Versuche von Menschen und Organisationen, eine möglichst gute Lösung für jegliches Problem zu finden. Dadurch entsteht eine permanent ergebnisoffene Lernatmosphäre, in der alle von den Lernerfahrungen der anderen sehr schnell und effektiv profitieren können. In einem »fehlerfeindlichen System« hingegen »weiß« der Diktator oder die Bürokratie, was richtig und gut ist, egal wie unklug und schädlich es in Wahrheit ist. Niemand darf den »Fehler« begehen, gegen die vorgegebene Definition von »richtig« und »falsch« zu verstoßen. Die Klugheit des Diktators setzt sich auf diese Weise zwar schnell und effektiv durch – aber ebenso alle seine Dummheiten. Ein solches System ist sehr schwerfällig, was die Lernfähigkeit angeht. Man kann den Eindruck gewinnen, dass wir uns auch in den westlichen Demokratien in dem Maße ein Stück in Richtung »fehlerfeindliches System« entwickelt haben, wie wir uns immer mehr Bürokratie geleistet haben.

Was bedeutet dies ganz konkret für Grameen? Yunus steht ganz auf der Seite des Ansatzes von »fehlerfreundlichen Systemen«: »Wir lassen nicht nur unterschiedliche Meinungen und Vorgehensweisen zu, sondern wir fördern sie. Innovation kann nur in einer Atmosphäre der Toleranz, der Mannigfaltigkeit und der Neugier entstehen. In einer erstarrten Umgebung bleibt kein Platz für Kreativität.«

Diesem Prinzip folgen auch alle Beratungsprozesse und Ausbildungskonzepte für die Mitarbeiter und Trainees bei Grameen. Entscheidend ist: Wichtiger als das Lernen vom Erfahrungswissen der bereits Erfahreneren ist die Konfrontation mit den konkreten Problemen, die wiederum Lernprozesse auslöst. Die Trainees sollen zunächst beobachten, wie eine Zweigstelle von Grameen in allen ihren Facetten funktioniert. Sie sollen dann ihre Kritik äußern an dem, was sie beobachten, sie sollen Veränderungs- und Verbesserungsvorschläge vorbringen und in den gemeinsamen Mitarbeiterberatungen vertreten. »Sie müssen die anderen davon überzeugen, dass die Leistungsfähigkeit von Grameen gesteigert werden kann, wenn man ihre Vorschläge übernimmt«, erklärt Yunus. Und: »Die Trainees müssen danach in ihre Zweigstellen zurückkehren, um Lösungen für jene Probleme zu finden, die sie selbst aufgeworfen haben.« »Niemand hat ihnen je zuvor eine solche Ausbildung angeboten«, ist Yunus überzeugt. Ganz besonders dürfte dies für Bankangestellte in normalen Banken gelten, deren oberste Ausbildungsmaxime ist, die von oben vorgegebenen Standards zu erfüllen.

Grameen lebt davon, die Idee »fehlerfreundlicher Systeme« und einer »lernenden Organisation« konsequent in die Praxis umzusetzen. Anders könnte in einem so schwierigen Umfeld kaum das erforderliche Maß an ständig neuen kreativen Lösungen entwickelt werden. Daher werden die Grameen-Mitarbeiter auch angeleitet, »ihr Hauptaugenmerk nicht etwa auf das angebotene Produkt, den Kredit, zu richten, sondern sich primär für die *Personen* zu interessieren, mit denen sie es zu tun haben«, so Yunus. »Sie müssen ihre Kunden in ihrer ganzen menschlichen Komplexität begreifen, wenn sie ihnen dabei helfen wollen, ihr Leben zu verändern.«

● Sicherheitsfaktor Ethik

Lange Zeit galt in der westlichen industrialisierten Welt die Regel, dass Ethik und Geld nicht zusammenpassen. Je offensichtlicher dies wurde, desto mehr wurde es beklagt. Inzwischen findet eine Rückbesinnung auf den Wert von Werten statt, in der Wirtschaft allgemein und auch in einem Teil des Bankwesens, was beispielsweise der außerordentliche Erfolg der GLS Bank inmitten der jüngsten Weltfinanzkrise bestätigt sowie der steile Aufstieg von ethischer Geldanlage.

Die Kreditnehmerinnen der Grameen Bank entwickelten aufgrund ihrer zumeist sehr schmerzlichen Erfahrungen aus eigener Initiative einen ausgesprochen an der Lebenspraxis

orientierten Wertekanon. Durch diesen wollten sie sicherstellen, dass der Kleinkredit sich in einem fruchtbaren sozialen Umfeld entfalten kann und nicht durch gravierende Fehlentwicklungen gestört wird, wie beispielsweise die hohe
Verschuldung, die oft durch die traditionelle Mitgiftpraxis
entsteht. Sie formulierten die so genannten »Sechzehn
Regeln«, die dem Leben der großen Grameen-Familie einen
konkreten Sinn und ein klares Ziel verleihen sollten. Sie wurden als allgemeine Regeln angenommen, auf die sich heute
alle Kreditnehmerinnen der Grameen Bank verpflichten
müssen, wenn sie von dieser Bank einen Kredit erhalten
möchten. Es handelt sich hierbei um freiwillige Selbstver-
pflichtungen, an die immer wieder erinnert, deren Einhaltung jedoch nicht kontrolliert wird:

1. Wir werden die vier Prinzipien der Grameen Bank res-
   pektieren und anwenden: Disziplin, Einheit, Mut und
   harte Arbeit in allen Bereichen unseres Lebens.
2. Wir werden unseren Familien zu Wohlstand verhelfen.
3. Wir wollen nicht in einer verfallenen Unterkunft woh-
   nen. Wir werden unsere Häuser instand halten und
   bestrebt sein, so schnell wie möglich neue zu bauen.
4. Wir werden das ganze Jahr über Gemüse anbauen. Wir
   werden viel davon essen und die Überschüsse verkaufen.
5. Während der Pflanzperiode wollen wir so viele Setzlinge
   wie möglich pflanzen.
6. Wir werden darauf achten, wenige Kinder zu haben. Wir
   wollen unsere Ausgaben einschränken und auf unsere
   Gesundheit achten.
7. Wir wollen für eine schulische Ausbildung unserer Kinder sorgen und die Mittel bereitstellen, um eine solche
   Ausbildung zu ermöglichen.
8. Wir werden auf die Sauberkeit unserer Kinder wie auch
   der Umwelt achten.

9. Wir werden Abortgruben ausheben und benutzen.
10. Wir werden Wasser aus sauberen Brunnen trinken. Ansonsten werden wir das Wasser abkochen oder mit Alaun desinfizieren.
11. Wir werden für unsere Söhne keine Mitgift verlangen, so wie wir unseren Töchtern auch keine mitgeben werden. Die Mitgift ist in unseren Zentren verboten. Wir widersetzen uns der Verheiratung von kleinen Kindern.
12. Wir werden keine Ungerechtigkeiten begehen und uns denen widersetzen, die welche begehen wollen.
13. Wir werden gemeinsam höhere Investitionen vornehmen, um größere Einkommen zu erzielen.
14. Wir werden immer bereit sein, einander zu helfen. Wenn jemand in Schwierigkeiten gerät, wollen wir ihm alle gemeinsam helfen.
15. Wenn wir erfahren, dass die Disziplin in einem Zentrum missachtet wird, so werden wir hingehen, um sie wiederherzustellen.
16. Wir werden körperliche Ertüchtigung in unseren Zentren einführen. Wir werden gemeinsam an den gesellschaftlichen Aktivitäten teilnehmen.

Viele der hier beschriebenen Regeln waren längst zuvor bekannt als wichtige Ziele für eine Entwicklung, die aus dem Teufelskreis der Armut herausführt, und sie waren daher Teil von entsprechenden Entwicklungsprogrammen. Der große Unterschied bei Grameen besteht darin, dass diese Ziele in der Verknüpfung mit einem Kleinkredit bei Frauen, die vorher in nahezu völliger Hoffnungslosigkeit lebten, eine sehr reale neue Lebenshoffnung entstehen lässt und damit auf eine unvergleichlich höhere Motivation stößt. Plötzlich werden ethische Prinzipien, deren Einhaltung zweifelsohne das Leben der Armen erheblich verbessern würde, zu einer klaren Perspektive vor den Augen dieser Menschen. Es sind nun nicht mehr die gut gemeinten Ratschläge von außen. Es sind Erkenntnisse, die die Menschen in ihrer eigenen Lebenswelt gewonnen haben und die jetzt neue Energie freisetzen. Sie motivieren und stärken den Willen und die Hoffnung auf ein besseres Leben für sich und die eigene Familie. Wissenschaftliche Studien von Sydney R. Schuler und Shahidur R. Khandker haben erhebliche Verbesserungen in praktisch allen Bereichen nachgewiesen, die in den 16 Regeln angesprochen werden, von der Hygiene über die Ernährung bis zum Einsatz von Verhütungsmitteln. Diese Studien stellten eine signifikante Verbesserung selbst bei Nichtmitgliedern von Grameen fest, sofern sie in Dörfern lebten, in denen Grameen aktiv war. Die praktische Grameen-Ethik hat also offensichtlich zu einer Bewusstseinsbildung beigetragen.

● Sicherheitsfaktor Konsequenz

Nun bleibt nur noch ein einziger Sicherheitsfaktor, mit dem wir auch bei unseren Banken vertraut sind: Die Grameen Bank ist bei der Einhaltung der Verpflichtung zur Rückzahlung von Krediten sehr konsequent. Wie konsequent, veranschaulicht die folgende Aussage von Muhammad Yunus. Er vertritt diese Position nicht verschämt, sondern mit Stolz und derselben Überzeugung wie alle anderen zuvor benannten Prinzipien: »Noch nie hat die Grameen Bank einer in Not geratenen Kundin ihre Schulden erlassen.«
Dringt hier nicht doch die berüchtigte Gnadenlosigkeit durch, die man von Bankern überall auf der Welt kennt? Ist Yunus in diesem Punkt vielleicht sogar noch viel schlimmer als andere Banker, wenn er diese Konsequenz ausgerechnet bei den Schwächsten der Gesellschaft als absolut verpflich-

tend ansieht? Yunus hält seinen Bankerkollegen, die Kredite erst ab einem bestimmten Niveau an vorhandenen dinglichen oder ähnlichen handfesten Sicherheiten vergeben, sogar vor, dass diese mit ihrer Klientel viel zu nachsichtig umgehen. Den Präsidenten der Bank für Industrieentwicklung in Bangladesch, mit dem Yunus persönlich befreundet ist, kritisierte er einmal so: »Ihr habt so gar nichts von einer Bank an euch.« Verwundert fragte der Bankenpräsident, wie er dies meine. »Die Rückzahlungsquote eurer Kreditnehmer beträgt seit zwölf Jahren nicht einmal zehn Prozent« (was in diesem Falle auch stark mit der besonderen staatlich vorgegebenen Aufgabenstellung dieser Bank zu tun hat). Prinzipiell ist die Zahlungsmoral der Wohlhabenderen in Bangladesch jedoch tatsächlich ausgesprochen mäßig. Yunus weiter: »Wie kann ein Banker, der auf sich hält, weiterhin Millionen Dollar an Krediten für reiche Kunden bewilligen, die gar nicht daran denken, ihren Rückzahlungsverpflichtungen nachzukommen? Ihr müsstet eigentlich die Bezeichnung ›Bank für Industrieentwicklung‹ aufgeben und stattdessen als ›Wohltätigkeitsorganisation für Reiche‹ firmieren.«

Wenn Yunus diese Missstände im Umgang mit Reichen kritisiert, wieso ist er dann ausgerechnet mit den Ärmsten so konsequent? Und ist es angesichts der Tatsache, dass die Rückzahlung der Kreditsumme für Yunus absolut verpflichtend ist, überhaupt noch ein solches Wunder, wenn er mit seiner Bank auf eine Rückzahlungsquote nahe der 100-Prozent-Marke kommt?

Die oben zitierte Aussage von Yunus ist unvollständig. Sie ist erst vollständig, wenn sie ergänzt wird um den zweiten Satz, der genauso wichtig ist: »Aber auch noch nie hat die  Grameen Bank eine in Not geratene Kundin im Stich gelassen. In jedem einzelnen Fall fand man eine gemeinsam abgestimmte Lösung, die dazu führte, dass die Kreditnehmerin ihren Kredit ohne Existenzangst zurückbezahlen und ihr Leben weiterhin in Selbstständigkeit planen und führen konnte.« Die Flexibilität der Lösungsgestaltung ist bei Grameen nahezu grenzenlos. Es müssen lediglich zwei Dinge gewährleistet sein: Die Rückzahlung muss – sei es zeitverschoben, sei es gestreckt oder anderweitig angepasst – fortgesetzt werden, und die unternehmerische Aktivität darf nicht unterbrochen werden. Insolvenz oder ähnliche Lösungen scheiden bei Grameen aus. Das Prinzip Hoffnung im Sinne einer möglichen positiven Lebensgestaltung steht in keinem einzigen Fall zur Disposition, sondern wird als ein unumstößliches Grundrecht der Kunden betrachtet.

Yunus begründet seine Position folgendermaßen: Zum einen müssten alle Kreditnehmer gleichwertig behandelt werden, so dass nicht das Gefühl entsteht, es gebe unterschiedliche Konditionen. Denn dann würde die Rückzahlungsmoral sehr schnell wie ein Kartenhaus in sich zusammenfallen. Zum anderen will er auf diesem Wege die Funktionsfähigkeit des Kreditsystems sicherstellen. Ohne eine hohe Rückzahlungsquote müsste die Bank die Zinsen erheblich erhöhen, um die Ausfälle zu kompensieren, oder nicht länger als Bank, sondern als Hilfswerk arbeiten, das die Ärmsten wieder in die Abhängigkeit von dauerhaften Hilfszuwendungen zurücktreibt. In diesem Punkt sind Yunus und alle seine Kreditnehmerinnen einer Meinung. Er zitiert gerne Monsura Begin, eine der Grameen-Kundinnen, die ihre Abneigung gegen traditionelle Entwicklungshilfe stellvertretend für ihre Mitkundinnen und Mitgenossinnen der Grameen Bank in die folgenden Worte gefasst hat: »Ich bin keine Bettlerin!« Und das ist auch der Grund, warum auch die Kreditnehmerinnen so eindeutig für das konsequente Grameen-Konzept sind: »Sie müssen nicht mehr auf die Mildtätigkeit anderer warten. Sie spüren, dass sie ihr

Leben endlich selbstbestimmt führen können. Das ist ein berauschendes Gefühl.«

Die acht genannten Sicherheitsfaktoren der Kleinkreditbank Grameen erwiesen sich in ihrer Gesamtwirkung als erfolgreich, erfolgreicher als alle Maßnahmen zur Absicherung von Krediten, die sich die traditionellen Bankhäuser rund um den Globus einfallen ließen. Jeder dieser Faktoren, mit Ausnahme des achten, ist in der Tat die genaue Umkehrung jener Prinzipien, die sich in der jahrhundertealten Tradition des Bankwesens herauskristallisiert haben. Wie konnte nun überhaupt jemand auf einen derart »verrückten« Gedanken kommen wie den, dass es genau umgekehrt auch und sogar besser funktionieren könnte?

Es ist nur zu leicht nachvollziehbar, wie ungläubig traditionelle Banker diesem gesamten Phänomen gegenüberstehen mussten. Und es ist ebenso leicht nachvollziehbar, dass man auf solch ungewöhnliche Erkenntnisse, die zu nichts Geringerem als zu einem voll funktionsfähigen Banksystem für die Armen führten, nicht kommen kann, wenn man andere Gelehrte zu Rate ziehen wollte als genau jene, für die sich Yunus entschieden hatte: Seine Professorinnen waren tatsächlich die Ärmsten selbst, und niemand sonst hätte diese Rolle einnehmen können.

Der Ansatz von Grameen ist so neu, dass Yunus zwar Menschen mit unterschiedlichstem Bildungshintergrund einstellt, aber eine Gattung von vornherein ausscheidet: In seiner Bank haben Menschen mit Bankerfahrung keinerlei Berufschancen. Yunus ist davon überzeugt, dass ein Umlernen für diese Menschen viel schwerer ist, als es für jeden anderen sein könnte, die Funktionsweise von Grameen ganz neu zu lernen. »Dies können wir diesen Menschen und uns selbst nicht antun.« Umgekehrt lernen jene Menschen, die zu Grameen kommen, so viel, dass Grameen keine Probleme

47

hat, die besten Absolventen seines Landes zu gewinnen. Und nach ihrer Grameen-Zeit finden sie leichter als alle anderen einen guten Job in der Wirtschaft, der Verwaltung oder in einem anderen Bereich.

## Die Bank, die zu den Armen kommt

Die traditionellen Banken wollen mit ihren Bankhäusern Bedeutung und Macht ausstrahlen. Sie errichten ihre Gebäude daher in den Metropolen oder zumindest in den regionalen Zentren und vertreten die Auffassung: Wer von uns etwas will, muss zu uns kommen.

Auch dies ist ein Grund, weshalb unsere normalen Banken nicht für die wirklich Armen in der Welt da sein können. Eine Frau auf dem Lande in Bangladesch kann unmöglich in die Stadt kommen, noch weniger, wenn sich ihre Familie den strengen Regeln des Islam unterwirft. Für die Armen in den ländlichen Gebieten Afrikas, Lateinamerikas, Indiens oder der anderen asiatischen Länder gilt dasselbe.

Die Logik der Lösung ist wiederum ganz einfach: Wenn die Armen nicht zur Bank kommen können, muss die Bank zu den Armen gehen. Die Angestellten der Grameen Bank gehen in die Dörfer und stellen die Funktionsweise ihrer Bank vor. Finden sich genügend Menschen für ein oder mehrere Kreditteams, werden diese im Dorf auf den Kreditempfang vorbereitet. Die Bankangestellten beginnen ein Projekt in einem Dorf jedoch erst, nachdem sie ihr Konzept allen wichtigen »Persönlichkeiten« des Dorfes wie Bürgermeister, Lehrer und Geistlichem unmittelbar vorgestellt haben. Sie bleiben im Dorf, wenn sie nicht auf eindeutige Ablehnung stoßen oder wenn es ihnen gelingt, die erste Ablehnung zu überwinden, ansonsten ziehen sie weiter.

Im Dorf bekommen dann die Mitglieder der Kreditteams ihr Darlehen und dort erfolgen die Rückzahlungen, die Beratungsgespräche und alle gemeinsamen Konsultationen zwischen und mit den Kreditgruppen. Die Geschäfte der Grameen Bank werden überall unter freiem Himmel abgewickelt. Selbst der größte Teil der Ausbildung der neuen Grameen-Mitarbeiter erfolgt nicht in Büros, sondern im direkten Miteinander mit den Kreditnehmerinnen. »Der Aufenthalt vor Ort bringt den jungen Leuten viel mehr über das Leben bei als alle Bücher der Welt«, ist Yunus überzeugt. Ferner: Kein Tresen, kein Schreibtisch, kein Schalter trennt die am Bankgeschäft Beteiligten. Das Prinzip der gleichen Augenhöhe findet auf allen Ebenen Anwendung.

## »Lehrmeister der Ökonomie« schaden den Armen nur

»Ja, aber gibt es denn so viele Dinge, mit denen sich Menschen ohne jegliche Ausbildung selbstständig machen könnten? Woher sollen sie wissen, welches Business funktioniert, wie sich die Märkte entwickeln? Für vieles fehlt ihnen doch jegliche Voraussetzung ...« Fragen dieser Art begegnen der Grameen Bank nun seit über 30 Jahren. Ganze Heerscharen von Lehrmeistern der Ökonomie nehmen solche Klischees und Mythen zum Anlass, Entwicklungsstrategien für die Armen zu entwickeln, obwohl sie sich niemals die Mühe gemacht haben, mit irgendeinem Armen zu sprechen oder gar mit ihnen zusammenzuarbeiten.

Was Yunus vom Gros der Beraterzunft in der globalen Entwicklungszusammenarbeit hält, hat er oft genug gesagt. Als er im Jahr 1986 eingeladen war, bei einer Telekonferenz zum World Food Day mit dem damaligen Präsidenten der Weltbank, Barber Conable, zu diskutieren, sprach er seine

Kritik offen an: »Bei jedem Projekt, das die Weltbank finanziert, übernehmen schließlich deren Experten und Berater die Kontrolle. Sie ruhen nicht eher, als bis sie alles ihren Vorstellungen entsprechend umgeformt haben.« Unter dem nächsten Präsidenten der Weltbank, James Wolfensohn, kam es dann zwar zu durchaus sehr fruchtbaren Gesprächen und die Weltbank richtete sogar ein Büro zur Förderung von Kleinkreditprojekten ein, aber die Logik des globalen Beratergeschäfts hält sich zäh und Yunus benennt dessen Probleme klar und deutlich:

»Wir alle wissen, in welchem Ausmaß die Länder der Dritten Welt von Spendengeldern abhängig geworden sind. Aber nur selten weist man darauf hin, in welchem Ausmaß auch die Verwaltungen der Spenderorganisationen inzwischen von Beratern abhängig sind. Wird ein Berater beauftragt, steckt dahinter stets die Annahme, dass das Empfängerland während aller Phasen der Projektdefinition, -vorbereitung und -durchführung Schritt für Schritt angeleitet werden muss. Berater haben eine lähmende Wirkung auf das Denken und Handeln der Empfängerländer.«

Dieses Vorgehen erzeugt systematisch Unmündigkeit und Abhängigkeit, und niemand kann sich ernsthaft wundern, wenn unter diesen Vorzeichen Entwicklung nicht funktionieren kann. Diesem Prinzip gemäß richten sich Empfänger mit ihren Hilfsbegehren nicht mehr nach den wirklichen Bedürfnissen der Armen, sondern nach dem, was ihre Berater wollen, denn nur so haben sie Aussicht, Gelder zu erhalten. Die Berater richten sich nach den Wünschen und Vorstellungen ihrer Geldgeber, denn nur so haben sie Aussicht, weiterhin als Berater engagiert zu werden. So entscheiden letztlich oft jene, die zu den wirklichen Problemen die größte Distanz haben, über das, was den Ärmsten helfen sollte. Und damit dieser Mechanismus nicht auffliegt, haben sich die Berater ein breites Spektrum an Argumenten zurechtgelegt, mit deren Hilfe sie zu erklären versuchen, warum immer die Hilfeempfänger schuld sind, wenn etwas nicht so funktioniert wie erwartet. Weltweit fließt der Hauptanteil der sogenannten Entwicklungshilfe in die Bezahlung von Beratern, Lieferanten, Ratgebern, Experten und Bürokraten. Sie produzieren Weltferne und Abhängigkeit. Die betroffenen Länder hingegen müssen für die dafür aufgenommenen Kredite über Generationen hinweg die Zinsen und Zinseszinsen bezahlen.

Ein amerikanischer Reporter stellte Yunus einmal die Frage »Statt immer nur zu kritisieren – was würden Sie denn vorschlagen, wenn Sie Präsident der Weltbank wären?« Seine Antwort: »Als Erstes würde ich den Sitz der Weltbank nach Dhaka verlegen.« Warum die Hauptstadt Bangladeschs? »Dies hätte einen doppelten Vorteil: Zum einen würden jene, die sich der Sache der Armen nicht ganzen Herzens verschrieben haben, von allein den Notausgang suchen, und ich könnte an ihrer Stelle wirklich engagierte Mitarbeiter einstellen, die etwas von den Problemen verstehen. Zum anderen würde dies die Personalkosten erheblich verringern, da ich Mitarbeiter einstellen könnte, deren Lebensstil keine hohen Gehälter erfordert. Denn in Dhaka sind die Lebenshaltungskosten weitaus niedriger als in Washington.«

Wissen die Armen wirklich nicht, was sie brauchen und was sie tun müssen, um sich erfolgreich selbständig zu machen und nachhaltig erfolgreich zu bleiben? Die Erfahrung der Grameen Bank erbrachte den eindeutigen Beweis: Niemand weiß dies besser als die Armen selbst. Die Grameen Bank enthält sich sehr bewusst und sehr konsequent jeglichen Ratschlags, welche Art von Business ihre Kreditnehmerinnen betreiben sollten. Genau auf diese Weise fördert sie eine wirkliche Marktwirtschaft, in der die Armen selbst die Fähigkeit entwickeln, ihre Überlegungen marktgerecht zu entfalten und dem sich wandelnden Bedarf sowie den sich stetig verändernden Bedingungen flexibel anzupassen. Sie fördert dadurch zugleich eine ausgesprochen vielfältige und damit weitaus gesündere und robustere Marktwirtschaft als jene, die aus den Ideen des Wirtschaftstheoretikers Ricardo von den »komparativen Vorteilen« entstanden sind. Diese haben viele Entwicklungsländer in die Falle von höchst anfälligen Ein-Produkt-Ökonomien getrieben. Die Grameen-Frauen führen inzwischen über 1700 unterschiedliche Arten von Unternehmen von der Buchbinderei über die Herstellung und den Vertrieb von Gemüse, Kosmetika, Spielzeug, Parfum, Moskitonetzen, Kerzen, Schuhen, Hörnchen, Brot, Bettdecken, Booten, Uhren, Regenschirmen, Erfrischungsgetränken, Gewürzen, Senföl bis zur Reifenreparatur.

Yunus fasst den Unterschied so zusammen: »Wir haben ganz bewusst eine Wirtschaft der unternehmerischen Vielfalt geschaffen, im Gegensatz zu der bekannten Ein-Produkt-Ökonomie. Letztere braucht viel Geld, um zum Beispiel Fabriken zu bauen. Dorthin ziehen die Arbeiter, und ganze Regionen werden von einer Job-Maschine abhängig, die aus den Dörfern die fähigen Menschen abzieht. Bei diesem System kommt nur sehr wenig Positives bei den Menschen vor Ort an. Wir dagegen schaffen Selbständige, die dort arbeiten, wo sie leben, und in ihrer großen Zahl eine ganze Region voranbringen können.«

## 2. Der Banker der Armen
*Ein Erfolgskonzept auf dem Siegeszug*

Kleinkredite helfen, und zwar effizient. Diese Erfahrung war irgendwann nicht mehr zu übersehen und es ergab keinen Sinn mehr, den Erfolg dieses Konzepts zu leugnen. Also begannen immer mehr Hilfswerke, staatliche Einrichtungen, aber auch internationale Organisationen und Privatinitiativen, sich mit der Kleinkreditidee näher zu befassen und das Beispiel der Grameen Bank nachzuahmen oder ähnliche Konzepte zu entwickeln. Irgendwann war die Kunde von den Erfolgen der Kleinkreditprojekte in der Entwicklungspolitik so weit verbreitet, dass auch immer mehr Geldgeberorganisationen dazu übergingen, die Vergabe neuer Gelder an den Einbau von Kleinkreditkomponenten in die Projekte zu knüpfen. Dadurch erhöhte sich der Druck auf die Hilfsorganisationen noch weiter. War damit den Ideen von Muhammad Yunus der Durchbruch gelungen?

Die Antwort lautet: ja und nein. Seit Anfang der 1990er Jahre entstehen in immer mehr Ländern neue Kleinkreditprojekte. Doch sie sind in ihrem Zuschnitt höchst unterschiedlich, und in der Form ihrer Umsetzung folgen sie teilweise völlig gegensätzlichen Konzepten von wirtschaftlicher und sozialer Entwicklung. Merkwürdig ist auf den ersten Blick nur: Die gegensätzlichsten Grundkonzepte von Kleinkreditvergabe an arme Menschen – nach dem Grameen-Modell, nach den Verfahren der traditionellen Hilfswerke und nach Konzepten klassischer Banken, die inzwischen auch den Kleinkreditmarkt entdeckt haben – breiten sich weiter aus, und trotz ihrer großen Unterschiede sind die meisten von ihnen ziemlich erfolgreich.

Dies sind einige Fakten: Bis Ende 2011 wurden in Projekten verschiedener Art an mehr als 150 Millionen Menschen Kleinkredite vergeben. Da man davon ausgeht, dass jeder Kleinkredit an eine Person sich in Entwicklungsländern im Durchschnitt auf das Leben von fünf Personen in der eigenen Familie auswirkt, spricht man von nicht weniger als 750 Millionen Menschen, die bis heute in den Genuss von Kleinkrediten gelangt sind. Eine dreiviertel Milliarde Menschen – das bedeutet etwa ein Fünftel bis Viertel aller Armen auf dieser Welt. Als »Arme« werden nach den offiziellen Richtlinien der UN jene Menschen definiert, die von weniger als zwei US-Dollar pro Tag leben müssen. Von diesen unterscheidet man »die Ärmsten« beziehungsweise die »absolut Armen«, denen weniger als ein US-Dollar am Tag zur Verfügung steht. Selbst bei der Gruppe der Ärmsten sind es noch rund 100 Millionen, die Kleinkredite erhalten haben und damit 500 Millionen Familienangehörige, die davon profitieren.

Beim so genannten Millenniumsgipfel der Vereinten Nationen beschlossen alle Staatsoberhäupter der Welt, bis zum Jahr 2015 die Zahl der absolut Armen zu halbieren. Bei der Grameen Bank gelingt dies schon nach wenigen Jahren bei etwa der Hälfte ihrer Kreditnehmerinnen. Auch wenn die Erfolgsquote bei anderen Kleinkreditorganisationen mehr oder weniger deutlich niedriger liegt, spricht einiges dafür, dass dieses UN-Ziel bis zum Jahr 2015 annähernd erreicht wird, trotz der Auswirkungen der Weltfinanzkrise seit 2009. Dies ist vor allem der Erfolg des Konzepts der Kleinkredite für die Armen und Ärmsten. Und dennoch existiert in den Augen von Muhammad Yunus ein dickes »Aber«.

Rein äußerlich könnte man dieses »Aber« daran festmachen, dass viele Kleinkreditprojekte deutlich hinter den hochfliegenden Erwartungen zurückblieben. Die Rückzahlungsquoten lagen bei nicht wenigen Projekten nicht bei den erhofften 99 Prozent, sondern bei 70, 60 oder gar nur 30 Prozent. Viele Kreditempfänger in Nachahmerprojekten erwiesen sich als nicht so motiviert wie bei der Grameen Bank oder hatten Probleme bei der Umsetzung ihrer Geschäftsidee.

Sind die Erfahrungen von Grameen doch nicht so leicht übertragbar? Sind die Bangladeschi aus kulturellen Gründen einfach die besseren Kaufleute? Oder war es das Charisma von Muhammad Yunus, das die hohen Standards von Grameen ermöglichte, und waren diese daher nicht wiederholbar? Hier lohnt es sich, noch einmal genau hinzusehen.

## Gut gemeint oder gut gemacht?

Grameen löste sehr vielfältige und ausgesprochen positive Entwicklungseffekte aus, die langfristig den Weg aus der Armutsfalle weisen. Sie sollen im nächsten Kapitel noch näher ausgeführt werden. Genau diese Effekte sowie die Tatsache, dass es sich bei der Zielgruppe von Grameen um die Armen und Ärmsten handelt, verführten viele Nachahmer freilich auch zu einem gravierenden Trugschluss. Sie sahen Kleinkreditprojekte als *Entwicklungs*projekte an und entwarfen Strategien, die der typischen Denkweise von Entwicklungsorganisationen entspricht. Doch Yunus pocht darauf, dass seine Kleinkreditidee kein karitatives Unternehmen, sondern ein *Business* darstellt. »Grameen ist eine Bank und kein Hilfswerk«, betont er immer und immer wieder und wird mit dieser Aussage bis heute von sehr vielen nicht richtig verstanden. Hilfe für die Armen ist im Bewusstsein der meisten Menschen per se in der Kategorie »Entwicklungshilfe, Hilfswerke, Spenden etc.« verankert. Hilfe für die Armen mit Wirtschaft und Gewinnorientierung in Verbindung zu bringen, ist für diese Menschen ein Sakrileg und eine Beleidigung moralischen Denkens und Empfindens.

Yunus antwortet hierauf: Genau dies ist das Problem. Solange man die Vergabe von Kleinkrediten mit Hilfswerksdenken verknüpft, kann es nicht funktionieren. Schlimmer noch: Die erfolgreich arbeitenden Kleinkreditbanken werden *in ihrer Existenz gefährdet* durch Kleinkreditprojekte, die sich *nicht* geschäftsmäßig verhalten.

Viele staatliche und private Hilfsorganisationen meinten, sie müssten den Armen den Einstieg in den Umgang mit Kleinkrediten erleichtern, indem sie ihnen bei den Zinsen entgegenkommen. Folglich setzten sie Zinssätze an, mit denen sie ihre Organisation in die Lage brachten, die Kleinkredite, die sie vergaben, permanent bezuschussen zu müssen.

Diese Entscheidung ergänzten sie in der Regel durch einen laxen Umgang mit der Rückzahlungsverpflichtung: Wenn die Armen ihre Kredite zurückzahlen können, prima. Wenn nicht, war das Geld wenigstens für eine sinnvolle Sache eingesetzt. In beiden Fällen, so die Meinung, sei die letztlich bezweckte Hilfe ja »angekommen«. Die Differenz könne ja durch staatliche Entwicklungsfonds oder durch Spendengelder der Hilfswerke ergänzt werden. Schließlich seien diese ja dafür da, dort, wo es erforderlich sei, mit Hilfszahlungen einzuspringen.

Gottfried Benns bekanntes Diktum, Kunst sei das Gegenteil von gut gemeint, kann – ganz im Sinn von Yunus – auf diese Form von Entwicklungsförderung übertragen werden: Gut gemeint ist das Gegenteil von gut gemacht. Folgende Mechanismen werden nämlich in Gang gesetzt:

● Wenn es so leicht ist und weitgehend konsequenzenlos bleibt, wenn man seinen Kredit nicht pünktlich oder auch gar nicht zurückzahlt, wieso sollte man sich dann besonders anstrengen? Viel attraktiver ist es doch, sich plausible Ausreden auszudenken. Die Rückzahlungsmoral sinkt zwangsläufig und die Hilfswerke müssen *auf Dauer* zuzahlen. Konsequenz: Irgendwann schließlich wird das Projekt als »erfolglos« oder als »zu schwierig« eingestuft, die Hilfsorganisationen ziehen sich zurück und die Armen sind wiederum allein gelassen.

- Wenn sie bei einer Organisation, die Kleinkredite vergibt, deutlich geringere Zinsen bezahlen müssen als bei einer Kleinkreditbank, die wirtschaftlich funktionierende Zinssätze berechnet, werden viele Kleinkreditnehmer verständlicherweise zu den Einrichtungen mit den günstigeren Zinsen wechseln. Das hat eine doppelte Konsequenz: Zum einen löst dies einen Dumpingwettbewerb zwischen den verschiedenen Hilfswerken aus, die sich gegenseitig unterbieten, um »erfolgreiche« Wachstumszahlen schreiben zu können und weiter frisches Geld für ihre Projekte zu erhalten. Der Charakter von Kleinkreditinstitutionen verschiebt sich dadurch wieder schleichend und stetig zu jenen traditionellen Hilfsorganisationen, die Yunus gerade überwinden wollte.

- Und zum Zweiten wird durch diese Praxis den richtigen Kleinkreditbanken der Boden entzogen oder zumindest das Leben erheblich erschwert. Gegen Subventionswirtschaft kann sich auch ein noch so gut arbeitendes Unternehmen auf Dauer nur schwer halten.

- Festzuhalten ist also: Die Kreditnehmer von Organisationen, die mehr oder minder noch nach dem alten Prinzip der staatlichen Entwicklungshilfe arbeiten, entwickeln insgesamt ein deutlich geringeres Gefühl der Eigenverantwortung und der gemeinschaftlichen Mitverantwortung, so dass die sozialen Effekte insgesamt zu wünschen übrig lassen oder zumindest deutlich hinter jenen der

Grameen Bank zurückbleiben. Sie spüren sehr genau, ob sie in der Wahrnehmung ihrer Förderer weiterhin zumindest teilweise »Hilfeempfänger« sind oder selbstständige Unternehmer.

Diese Fehlentwicklungen haben in der Ausbreitung der Kleinkreditidee eine bestimmende Rolle gespielt. Faktisch heißt das: Es haben sich inzwischen in fast allen Ländern der Welt Kleinkreditprojekte etabliert, aber mit recht unterschiedlichen Ansätzen, die nicht kompatibel sind. Die einen betrachten Kleinkredite als eine neue Entwicklungshilfemaßnahme, die anderen als einen Paradigmenwechsel von der Entwicklungshilfe zum Entwicklungsunternehmertum, und eine dritte Gruppe von Mikrofinanzeinrichtungen betrachtet Kleinkredite als einen neuen großen und lukrativen Zukunftsmarkt. Einrichtungen dieser dritten Art, die sich insbesondere im vergangenen Jahrzehnt rasend schnell ausgebreitet haben, sind ihrerseits wiederum sehr vielfältig und daher sehr differenziert zu beurteilen. Manche dieser Mikrofinanzbanken zahlen ihren Investoren bescheidene Kapitalrenditen, kommen dabei aber dennoch mit Zinssätzen für ihre Kleinkreditnehmer aus, die nicht oder nur unwesentlich höher sind als bei der Grameen Bank. Andere Mikrofinanzprogramme, die von klassischen Banken eingerichtet wurden oder über klassische Finanzmärkte finanziert werden, verlangen exorbitante Zinssätze von ihren Kunden von 80 Prozent und mehr. Yunus sagt, mehr als 20 Prozent Zinsen sind auf dem heutigen Erfahrungsstand für funktionierende Kleinkreditsysteme nicht mehr notwendig und damit ethisch nicht vertretbar. Teilweise seien die Wucherer, die durch Grameen und viele andere gute Kleinkreditorganisationen aus der Welt der Armen vertrieben wurden, inzwischen durch die Hintertür von finanzmarktgetriebenen Mikrofinanzbanken wieder zurückgekehrt.

Zunächst zu den beiden Mikrofinanzansätzen von klassischen Hilfswerken und Grameen. Da es dem Wesen von Kleinkrediten entspricht, dass zumindest ein Teil der Gelder wieder zurückfließt und daher erneut für eine entwicklungspolitisch sinnvolle Maßnahme eingesetzt werden kann, wurde diese Idee jedoch auch bei Hilfswerken immer beliebter. Denn auch bei einem Zugang, der noch sehr von der traditionellen Auffassung von Entwicklungshilfe geprägt ist, trägt der Einsatz von Kleinkrediten dazu bei, dass sich der Wirkungsradius der Hilfswerke erweitert, was deren Interessen natürlich sehr entgegenkommt. Also wachsen *beide* Konzeptarten von Kleinkreditprojekten mit großer Dynamik. Die Frage ist: Wird der sozialunternehmerische Ansatz von Yunus sich durchsetzen? Wird er von hilfswerkorientiertem Denken unterminiert? Oder werden die Hilfswerke aus den Problemen, die sie mit ihren Kleinkreditprojekten haben, schnell genug lernen, dass der sozialunternehmerische Ansatz tatsächlich besser und erfolgreicher ist, auch im Sinne ihrer richtigen sozialen Anliegen? Die Antwort ist noch offen.

## Mit harten Bandagen und gutem Gewissen

In den 8oer und 9oer Jahren wetterten nicht nur konservative Mullahs in Bangladesch über Muhammad Yunus und seine Kleinkreditbank und brachten Argumente dieser Qualität vor: Die Grameen Bank will die Frauen, die Kredite nehmen,
- als Sklavinnen in den Vorderen Orient verkaufen,
- zur Prostitution zwingen,
- zum Übertritt zum Christentum bewegen,
- Haus und Besitz wegnehmen,
- betrügen und ihr Geld verschwenden.

59

Manche scheuten auch nicht davor zurück, die Grameen Bank als Schmugglerorganisation zu bezeichnen oder sie mit dem Vorwurf zu verleumden, sie würde Leichen schänden, indem sie ihnen heimlich ein Kreuz mit ins Grab lege.

Mit welch harten Bandagen der Kampf um die künftige Rolle der Hilfswerke sowie später auch um die neuen Kleinkreditmärkte ausgefochten wurde und wird, zeigt insbesondere das Beispiel Bangladesch, wo es mit Abstand die meisten Kleinkreditprojekte gibt, neben Grameen noch über einhundert andere.

Eine namhafte Frauenorganisation aus Bangladesch verbreitete Mitte der 1990er Jahre beispielsweise die Behauptung, mit der Ausbreitung der Kleinkredite habe die Gewalt gegen die Frauen zugenommen. Sie berief sich dabei auf eine seriöse Studie, die auf Probleme bei Kleinkreditprojekten hinwies.

Dass es beim Aufbau von Kleinkreditprojekten Probleme gab und gibt, ist naheliegend. Es handelt sich um ein völlig neuartiges Konzept, zu dem keine Vorerfahrungen vorhanden sind. Innovationen auf diesem Gebiet können nur aus den Erfahrungen *in* der Praxis kommen. Grameen legte daher von Anfang an größten Wert auf eine möglichst große Dichte an begleitenden wissenschaftlichen Studien. Man wollte möglichst frühzeitig auf Probleme aufmerksam werden und nach angemessenen Lösungen suchen. Bei dem angesprochenen Beispiel wird das besonders klar:

Gewalt gegen Frauen war in Bangladesch bis in die 1990er Jahre hinein ein absolutes Tabuthema, was aber natürlich nicht bedeutet, dass es dieses Phänomen nicht gab, ganz im Gegenteil. Selbst das gegenüber Grameen sehr kritisch eingestellte Hilfswerk »Netz« stellte fest, dass durch die Kreditgruppen von Grameen die Gewalt der Männer gegen ihre Frauen signifikant abgenommen und der Schutz der Frauen gegenüber häuslicher Gewalt deutlich zugenommen habe. Die Männer mussten nämlich erstmals befürchten, dass ihre Frauen mit ihren Kolleginnen in den Kreditgruppen über dieses Thema sprachen und es von dort aus schnell das ganze Dorf erfuhr. Wo Frauen trotzdem noch Opfer häuslicher Gewalt würden, komme dies durch die Kreditgruppen viel leichter an die Öffentlichkeit als früher. Eine Umfrage unter Frauen aus Grameen-Gruppen und einer »Kontrollgruppe« aus traditionellen Verhältnissen muss daher ein Ergebnis haben, das die wirklichen Verhältnisse auf den Kopf stellt, denn Grameen-Frauen sprechen dieses Thema offen an, während Frauen mit traditionellem Hintergrund behaupten werden, es habe nie Gewalt gegen sie gegeben, selbst wenn diese an der Tagesordnung war. Die Logik der Studie war also: Wenn ein Topf mit übel riechendem Inhalt einen dicht schließenden Deckel hat, dann riecht es wesentlich weniger, als wenn jemand den Deckel hebt, um so an die Quelle der Geruchsverursachung zu kommen.

Andererseits verwundert es auch nicht, dass eine Frauenorganisation die Ergebnisse einer solchen Studie aufgreift, wenn sie die eigenen Felle davonschwimmen sieht und ihre traditionelle Klientel verliert. Es ist nachvollziehbar, dass von Grameen geförderte Frauen, deren Lebenssituation sich fundamental verbessert hat, nicht mehr auf frühere Betreuungsdienste zurückgreifen.

Bei der Kritik mancher Entwicklungsorganisationen ist es nicht anders. Hier werden nicht selten »Glaubenskriege« ausgetragen. Vielen dieser so genannten Entwicklungshelfer ist eigen, dass sie keinerlei Zweifel an ihren eigenen guten Absichten haben. Mit bestem Gewissen brandmarken sie daher jegliche Abweichung vom eigenen Weltbild als Teufelswerk. Die Aussage eines deutschen Philosophen, nach der die negative Steigerung eines schlechten Gewissens ein gutes und schließlich ein bestes Gewissen sei, weil erst ein bestes Gewissen den Freibrief für die Schmähung und Verfolgung »Andersgläubiger« hergebe, bewahrheitet sich auch beim Thema Hilfe für die Armen. Bei vielen Hilfswerken, die zumindest tendenziell von einer gewissen bleibenden Abhängigkeit ihrer Klientel leben, besteht auch gar kein gesteigertes Interesse daran, zu klären, was die wahren Gründe für den Erfolg der Grameen *Bank* und ähnlicher Kleinkredit*banken* im Unterschied zu den minder großen Erfolgen von Kleinkreditprojekten von *Hilfswerken* sind. Auch wenn es immer mehr Hilfswerke gibt, die inzwischen das Handwerk der Kleinkreditvergabe rundum erfolgreich beherrschen.

Eine zweite große Kritikwelle gegen Yunus, seine Grameen Bank und die Mikrofinanzwelt insgesamt baute sich 2009 auf, drei Jahre nach der Vergabe des Friedensnobelpreises. Diesmal wähnten einige Kritiker, jetzt werde ihnen der große Schlag gegen das Teufelswerk der Kleinkredite gelingen.

Auslöser waren Berichte über Mehrfachverschuldung und vermehrte Selbstmorde bei Kleinkreditprojekten in Indien. Tatsächlich entstanden dort Probleme durch die aggressive Ausbreitungspolitik einiger Kleinkrediteinrichtungen, die als NRO begannen, sich aber dann in Shareholder-getriebene Mikrofinanzbanken umwandelten. Diese brauchten aufgrund der dadurch implementierten Money-Profit- statt Social-Profit-Logik schnelles Wachstum, zu schnelles Wachstum. Sie vernachlässigten die bewährten Mechanismen der wechselseitigen sozialen Kontrolle der Kreditnehmer, so dass immer mehr Menschen Kredite erhielten, die darauf nicht vorbereitet waren und nicht die notwendige soziale Begleitung durch Kreditgruppen hatten. Daraus entstanden Rückzahlungsprobleme. Aufgrund des gleichzeitigen Booms mehrerer Mikrofinanzbanken in dieser Region mit gleichzeitiger Vernachlässigung der Prinzipien nachhaltig erfolgreicher

Mikrofinanzwirtschaft, konnten jene Kreditnehmer, die in Zahlungsschwierigkeiten gerieten, die Rückzahlung bei der einen Minikreditbank durch neue Kreditaufnahmen bei anderen Minikreditbanken bedienen.

Niemand attackierte solche Fehlentwicklungen früher und schärfer als Muhammad Yunus, und zwar sowohl die Mutation von Mikrofinanzinstitutionen in Profitmaximierungsorganisationen mit der Not der Armen als auch die Vernachlässigung der beschriebenen Kontrollmechanismen, ohne die kein Mikrofinanzsystem funktionieren kann. Yunus forderte daher eine staatliche Aufsicht über Mikrofinanzorganisationen, die er in seinem Heimatland bereits lange vor den Fehlentwicklungen in Indien durchsetzen konnte. Auch gegen die unkontrollierte Mehrfachkreditaufnahme traf er bei Grameen Vorsorge, so dass es dort nur zu wenigen Ausnahmefällen kam.

Doch skandalinteressierte Berichterstatter taten wider besseres Wissen so, als wäre Yunus die Ursache der Fehlentwicklungen in Indien, obwohl die Grameen Bank dort gar nicht tätig ist. Und noch ein zweites Phänomen macht stutzig: In der betroffenen Region Indiens gab die Regionalregierung gut ein Jahr vor den ersten Skandalberichten eine Studie in Auftrag, die den »Social Impact«, die soziale Wirkung unterschiedlicher Ansätze zur Armutsüberwindung messen sollte. Das Ergebnis war insbesondere für eine Gruppe von Einrichtungen alarmierend: Abgeschlagen auf dem letzten Platz des Social-Impact-Rankings lagen die von NRO getragenen so genannten Selbsthilfegruppen. Die höchsten sozialen Effekte generierten die Mikrofinanzorganisationen, trotz der genannten Fehlentwicklungen. Die Regionalregierung wollte daraus die Konsequenz ziehen, die Mittel für die Selbsthilfegruppen zu kürzen.

Es ging für diese also schlicht um das Überleben. Daher nutzten sie den kurz danach eingetretenen Regierungswechsel für eine Kampagne gegen die Mikrofinanzorganisationen, und zwar bewusst ohne jegliche Differenzierung und bewusst auch mit Hilfe von eingeladenen ausländischen Journalisten, die sich in der Kürze ihres Aufenthalts kein wirklich eigenes und erst recht kein differenziertes Bild machen konnten. Die neue Regionalregierung nutzte die NRO-Kampagne für ihre eigenen Zwecke und verabschiedete zunächst Maßnahmen, die alle Mikrofinanzorganisationen in kürzester Zeit in den Ruin getrieben hätten – mit verheerenden Wirkungen für alle Mikrokreditnehmer. Die Regionalregierung verstand dann jedoch glücklicherweise schnell, dass dies keine sinnvolle Lösung sein konnte, und etablierte angemessene Rahmenbedingungen für die Mikrofinanzorganisationen in ihrer Region, die nun den Fehlentwicklungen wirksam entgegenwirken. Vernünftige und wirksame Regulierungen bedarf es selbstredend nicht nur für Großbanken, sondern ebenso für Mikrofinanzbanken.

Ein zweites Angriffsfeld gegen Yunus eröffnete nahezu zeitgleich in Norwegen ein dortiger TV-Bericht. Dieser warf Grameen den Missbrauch staatlicher Entwicklungsgelder im vergangenen Jahrhundert vor. Obwohl alle in diesen Vorgang involvierten Einrichtungen, insbesondere die norwegische Regierung, sofort klarstellten, dass an diesen Vorwürfen absolut nichts dran ist, benutzten zwei Akteursgruppen diesen Nicht-Skandal für ihre Ziele: einigen ideologiegetriebenen Berichterstattern aus der immergleichen Ecke und die Regierung Bangladeschs unter der Führung von Sheikh Hasina.

Ministerpräsidentin Hasina hat nicht vergessen, dass Yunus kurz nach dem Nobelpreis auf die dringende Bitte vieler seiner Freunde in Bangladesch zur nächsten Wahl des Ministerpräsidenten antreten wollte, um sein Land endlich aus der jahrzehntelangen Gefangenschaft zweier bis aufs Blut verhasster Politikerdynastien zu befreien. Yunus bezeichnete damals die politische Klasse als korrupt und sprach damit lediglich ein allzu offenes Geheimnis aus, denn Bangladesch war seit der Einführung des Korruptionsindexes durch Transparency International immer auf den Spitzenplätzen zu finden.

Bei allen Vorwürfen, die die Ministerpräsidentin Hasina gegen Yunus vorbrachte, konnte sie letztlich nur noch einen aufrecht erhalten, auch wenn dieser ebenso unsinnig ist: Yunus sei mit seinen zu diesem Zeitpunkt 70 Jahren nach den Statuten für staatliche Banken zu alt, so schrieb ihm der 78-jährige Finanzminister. Perfide und höchst gefährlich an diesem Vorwurf ist nicht die Altersgrenzüberschreitung, denn das Finanzministerium saß zu jeder Zeit im Aufsichtsrat der Grameen Bank und merkte den angeblichen Regelverstoß erst mit zehnjähriger Verspätung. Höchst bedenklich ist die Behauptung der Regierung Hasina, Grameen sei eine staatliche Bank. Die Grameen Bank ist jedoch eine Genossenschaftsbank, die sich zu 93 Prozent im Besitz ihrer Mitglieder, also der Armen von Bangladesch befindet. Eine 7-prozentige Beteiligung des Staates, die der Staat in den Gründungszeiten von Grameen festlegte, bedeutet jedoch auch nach dem Recht von Bangladesch nicht, dass diese dadurch zur »staatlichen Bank« wird.

Die Strategie ist daher eindeutig: Es geht um die Verstaatlichung der Grameen Bank und aller anderen Grameen-Unternehmen und damit um die Enteignung der wirklichen Besitzer von Grameen: den Genossinnen dieser Genossenschaftsbank, die mit deren Kunden und Nutznießern identisch sind. Sollte diese staatliche Enteignungspolitik am Ende tatsächlich von Erfolg gekrönt sein, müsste dies zu einem weltweiten Aufschrei führen.

Aber selbst in diesem Fall verhält sich ein kleiner Kreis von Berichterstattern merkwürdig »regierungsschonend« und entlarvt sich spätestens dadurch als offensichtlich interessenge-leitet. In den Veröffentlichungen aus diesem »Kritikerkreis« finden sich dann auch, nicht mehr überraschend, solcherart Sachbeschreibungen: Um die Zinssätze bei Grameen hoch-zurechnen, rechnet ein Publizist auf die tatsächlichen Zins-sätze einfach den Anteil der Spareinlagen obendrauf. Nach dieser neuen Rechenart würde also ein deutscher Bankkunde, der zum Beispiel sieben Prozent Kreditzinsen bezahlt und gleichzeitig einen ebenso hohen Anteil zur eigenen Alters-sicherung anspart, eine Zinsbelastung von 14 Prozent haben. Derselbe Autor gibt für alle Mikrofinanzorganisationen welt-weit einen Durchschnittszinssatz von 38 Prozent an – was bei derartiger Rechnungsart stark »nach oben« frisiert erscheint. Völlig unklar lässt der Autor auch, wie viele offensichtliche Wucherorganisationen er da »eingerechnet« hat. Wucherer gab es vor der Entwicklung der Mikrofinanzorganisationen in Bangladesch wie in allen anderen Entwicklungsländern zu-hauf. Die meisten Wucherer in Bangladesch beispielsweise verschwanden dank Mikrofinanzorganisationen, einige pass-ten sich etwas an mit ihren Zinsforderungen, stellen aber wei-terhin das diametrale Gegenteil von Mikrofinanzorganisatio-nen dar. Es ist schlicht perfide, beide Zinssätze zu »mitteln«.

Die Zinssätze bei Grameen liegen für normale Darlehen bei etwa 15 Prozent, für Baukredite bei 8 Prozent und für inzwischen mehr als 100 000 Bettler bei null Prozent, um auch dieser Bevölkerungsgruppe den Weg aus den Armuts-kreisläufen zu ebnen. Die Zinssätze bei den anderen Mikro-finanzorganisationen in Bangladesch liegen nicht viel höher, jedenfalls sehr weit von dem als »Durchschnittwert« behaup-teten 38 Prozent entfernt. Die Kredite für jedes normale Unternehmen in Bangladesch liegen bei den ganz normalen Banken auf etwa derselben Höhe wie bei den Mikrofinanz-banken, was aufgrund der erheblich höheren Aufwände

jeden einzelnen Kredit nur als herausragende Leistung ge-
wertet werden kann.


## Lernen durch Probleme funktioniert

Muhammad Yunus ist mit solcherart Kritik vertraut. In ver-
trauter Runde antwortete er einmal auf die Frage, wo sich
neue Kleinkreditsysteme am schwersten etablieren lassen, mit
der sehr scharfen Diagnose: »... in Hilfswerke-verseuchten
Gegenden«! Seine Begründung: Wo Menschen permanent
von Hilfswerken mit der Frage angesprochen werden, welche
Nahrungsmittel, welche Geräte, wie viel Geld und was sonst
sie für ein besseres Leben bräuchten, werden diese Menschen
mit der Zeit ihres kostbarsten Gutes beraubt – der Bereitschaft
und Fähigkeit, selbst aktiv zu werden. Sie verlieren die Kraft,
ihr Leben selbst in die Hand zu nehmen.
Doch lernt nicht nur Grameen aus seinen, sondern lernen
auch die Hilfswerke schrittweise aus ihren Fehlern. In unterschiedlichem Tempo verstehen sie:

- Auch wenn der Einstieg mit der Vergabe von Kleinkrediten an Frauen schwieriger ist, so lohnt sich die Mühe
  doch: Der einfachere Weg über die traditionellen Führungspersönlichkeiten, die Männer, erweist sich in schö-
  ner Regelmäßigkeit als Bumerang. Frauen sind die eindeutig besseren Kreditmanager.
- Der Fokus auf die etwas weniger Armen bringt zwar
  Erleichterung beim Start eines Kleinkreditprojektes, aber
  die Erfahrung von Yunus bestätigt sich doch überall auf
  der Welt: Die besten Kreditrückzahler sind genau jene, die
  einen Kredit am dringendsten brauchen: die Allerärmsten.
- Auch die Vergabe von Krediten an Einzelpersonen anstatt
  an Kreditgruppen ist nur auf den ersten Blick einfacher

und effektiver. Der Umgang mit Teams erfordert von den Projektbetreuern, dass sie sich selbst zunächst in ihrer Teamkompetenz weiterentwickeln. Doch dieser Mehraufwand zahlt sich vielfach aus, sowohl im Hinblick auf die ökonomischen als auch auf alle sozialen Effekte von Kleinkrediten.

- Selbst bei der Frage der Zinssätze machen die von Hilfswerken initiierten und gesteuerten Kleinkreditprojekte mit der Zeit die Erfahrung, dass subventionierte Zinssätze in die Falle führen. Denn sobald verschiedene Hilfswerke und Projekte in derselben Region arbeiten, tragen Niedrigzinsen nicht zu einem besseren Funktionieren von Kleinkrediten bei, sondern schaden erheblich. Denn sie beflügeln die Moral und Motivation der Menschen nicht, sondern lassen sie eher in einer Abhängigkeitsmentalität beharren.

- Als besonders kritisch wurde von den Hilfswerken immer wieder die unbedingte Rückzahlungspflicht angesehen, die die Grameen Bank ihren Kundinnen auferlegt. Dank eigener Erfahrungen setzte aber auch hier ein Lernprozess ein: Die Höhe der Rückzahlung erwies sich als ein sicheres Barometer für die dauerhafte Überlebensfähigkeit eines Projektes.

Dieser Lernprozess ist bisher in höchst unterschiedlichem Ausmaß fortgeschritten. Manche Hilfsorganisationen beharren weiterhin auf ihren alten Vorstellungen und sehen in ihren Klienten ungebrochen die armen Menschen, die so sehr auf ihre Hilfe angewiesen sind, und reproduzieren damit deren alte Abhängigkeiten von Hilfe und Hilfswerken. Andere Entwicklungshilfe-Organisationen haben bereits alle oben angeführten Lernprozesse durchlaufen und überdenken inzwischen ihre künftige Rolle. Sie haben verstanden: Gerade die Ärmsten, besonders wenn es sich um Frauen handelt, sind

die besten Unternehmerinnen. Dabei ist der letzte Erkennt-
nisschritt der schwierigste: Soziale Ziele und wirkliche Unabhängigkeit können tatsächlich am besten erreicht werden,
wenn die Menschen und auch die Ärmsten unter ihnen
Unternehmer ihres eigenen Lebens werden und auch im
engeren Wortsinne Unternehmer. Dies sichert ihnen das
größtmögliche Maß an Selbstständigkeit und Selbstbestimmung. Das alte Rezept der »Hilfe zur Selbsthilfe« findet auf
diese Weise seinen konkreten Ausdruck.

Es war nicht zuletzt die Kleinkreditbewegung von
Muhammad Yunus, die eine neue Entwicklung in Gang
gesetzt, die sich derzeit unter dem Namen »Social Entrepreneurs« weltweit verbreitet. Im Deutschen wird von »Sozial-
unternehmern« gesprochen. Damit bezeichnet man Menschen, die soziale Probleme auf unternehmerische Weise
aktiv selber lösen und nicht mehr durch Nichtregierungsorganisationen (NRO), die von Spenden und staatlichen
Zuschüssen abhängig sind. »Sozialunternehmer« entwickeln
kreative soziale Innovationen mit hohem sozialem Impact,
die im Idealfall so funktionieren, dass sie als soziale Dienstleistung auch wirtschaftlich nachhaltig tragfähig sind. Für
den Initiator dieser Bewegung, den Gründer der Ashoka-Stif-
tung Bill Drayton, ist Muhammad Yunus das leuchtende Beispiel für einen »Social Entrepreneur«.

Immer mehr Stiftungen konzentrieren sich darauf, neue
Sozialunternehmer zu entdecken und durch Finanz-, Netz-
werk- und Consulting-Starthilfe über die Startphase hinaus-
zuführen, damit ihre Ideen sozial *und* ökonomisch nachhaltig
und erfolgreich werden. Über diese Bewegung findet derzeit
eine Annäherung zwischen Wirtschaft und NRO statt, die
hoffen lässt, dass sich die Wirtschaft künftig verstärkt mit
der Entwicklung innovativer Lösung für soziale Aufgaben
befasst und dass NRO offener für solche Lösungen werden

und ihre Projektarbeit selbst stärker auch unternehmerisch sinnvoll gestalten. Der Vorstandsvorsitzende der Credit Suisse Deutschland, Michael M. Rüdiger, ging in einem Vortrag im September 2006 so weit, in solchen Projekten den möglichen nächsten großen Investitionsschwerpunkt in der Weltwirtschaft zu sehen, weil es in den bisher vernachlässigten Teilen der Weltgesellschaft den größten Entwicklungsbedarf gibt und daher hoffentlich bald auch die innovativsten Geschäftsideen. Solche grundlegend neuartigen unternehmerischen Aktivitäten wären für eine neue Generation von Investoren nicht zuletzt auch deshalb von besonderem Interesse, weil diese nicht nur ökonomisch sinnvoll sind, sondern vor allem auch echten Sinn stiften würden.

## Das neue Verhältnis von Entwicklungshilfe und »Entwicklungsunternehmertum«

Im Herbst 1998 widmete die *Financial Times* der Grameen Bank erstmals ihren Aufmacher auf der Titelseite. Die Botschaft: Jetzt ist die Bank für die Armen am Ende! Als Grund wurden die in der Tat katastrophalen Folgen einer erneuten extremen Flut in Bangladesch angeführt, die Hunderttausende von Menschen das Leben kostete und den Großteil der Ernte vernichtete.

Doch selbst dieser verheerende Schlag bedeutete nicht das Ende von Grameen. Wie hat es die Grameen Bank geschafft, diese Katastrophe zu überstehen? Die Geschichte dieses Überlebens macht gleichzeitig deutlich, wie Muhammad Yunus das Verhältnis von Entwicklungshilfe und Entwicklungsunternehmertum sieht.

Die Grameen Bank verwandelte sich quasi über Nacht von einer Bank in ein reines Hilfswerk: Die Bank ruhte und

alle Mitarbeiter waren aktive Manager für die erforderli
Hilfsaktionen. Da es in Bangladesch nicht außergewöhn
ist, alle paar Jahre und manchmal sogar mehrmals im J.
von Katastrophen heimgesucht zu werden, hat Grameen
längst klare Handlungspläne entwickelt. Yunus dazu: »Zuerst
einmal werden die Regeln und Arbeitsmethoden der Bank
vorübergehend außer Kraft gesetzt. Der Zweigstellenleiter
vor Ort und das gesamte Personal der Bank müssen sich
sofort in die betroffene Gegend begeben, möglichst viele
Menschen retten, Schutzunterkünfte, Medikamente und
Nahrungsmittel zur Verfügung stellen sowie Kindern und
Alten helfen.«

Doch 1998 reichte dieser Normal-Notfallplan nicht aus.
Die Schäden waren zu gravierend. Also machte Yunus den
staatlichen Behörden sowie den nationalen und internationalen Hilfswerken ein Angebot. Die Grameen Bank könne den
schnellstmöglichen Einsatz der bereitgestellten Hilfsgüter
organisieren und durchführen. Dieses Angebot war sinnvoll,
denn niemand im Lande verfügt in der Tat über ein so weit
gespanntes und perfekt durchorganisiertes Netzwerk wie die
Grameen Bank, insbesondere in den entlegenen ländlichen
Regionen Bangladeschs. Keine andere Organisation hat
außerdem so vertrauensvolle Beziehungen zur lokalen Bevölkerung. Niemand erfährt so schnell und zuverlässig, was
wirklich und mit welcher Priorität gebraucht wird. Die Grameen Bank ist, zumindest für die mehr als 72 000 Dörfer, in
denen sie heute innerhalb Bangladeschs arbeitet, nicht nur in
Normalzeiten als Bank tätig, sondern in Krisenzeiten auch
die denkbar effizienteste Hilfsorganisation!

Daher wurde das Angebot von Yunus auch von vielen Seiten angenommen. Gleichzeitig reichte dies aber immer noch
nicht, um wenigstens über die größte Not hinwegzuhelfen.
Yunus wandte sich daher auch an die Europäische Union. Er

bat, mit 100 Millionen US-Dollar zu helfen. Dieser Bitte wurde nicht entsprochen. Über die tatsächlichen Gründe der Ablehnung kann man nur spekulieren. Aber auch diese bittere Enttäuschung konnte Yunus nicht entmutigen. Er wurde selbst aktiv und entschied sich, die zwingend erforderlichen Gelder aus dem eigenen Unternehmen einzusetzen.

In einer zweiten Phase entwickelten die Grameen-Mitarbeiter weitere Aktivitäten. Sie begannen, wie Yunus berichtet, »unsere Mitglieder in ihren Häusern aufzusuchen und ihre Zuversicht wiederherzustellen, indem man ihnen zeigte, dass die Bank und andere Mitglieder ihnen zu Hilfe kommen. Auf diese Weise fanden wir heraus, was die Katastrophenopfer brauchen, um von Neuem anfangen zu können, und taten das, was notwendig war, um es ihnen zu geben.« Yunus führt weiter aus, was dies bedeutete: »Wir verteilten eine Notverpflegung sowie Trinkwasser und eine Salzlösung gegen Dehydration und Durchfall an die Betroffenen, außerdem Notsaaten für eine neue Aussaat, Geld für den Kauf von neuem Vieh und neuen Ausrüstungsgegenständen.«

Hilfswerk war die Grameen Bank jedoch nur so lange und in der Weise, wie es nötig war. Danach begann sehr schnell wieder die schrittweise Wiederaufnahme der banktypischen Tätigkeiten.

Nachdem die Darlehensrückzahlungen für die erforderliche Zeit vollständig ausgesetzt worden waren, wurde mit allen Kunden individuell besprochen, wie sie ihr Leben wieder am besten selbst in die Hand nehmen konnten. »Das alte Darlehen löschen wir nie«, erläutert Yunus, »auch wenn wir die wöchentlichen Ratenzahlungen auf einen Cent zurückschrauben müssen.« Es wird je nach den Erfordernissen gestreckt, in ein langfristiges Darlehen verwandelt oder um ein neues, angepasstes Darlehen ergänzt. Über die Jahre hinweg machte diese Art der Notunterstützung bei Naturkatastrophen etwa fünf Prozent der Darlehensarbeit der Grameen Bank aus.

Der zeitlich klug gestaffelte Übergang zurück in den wieder einsetzenden Bankbetrieb führte zu einem erstaunlichen Ergebnis: Die Menschen in diesen Grameen-Regionen fassten wesentlich schneller wieder Lebensmut, kamen wesentlich schneller auf die Beine und beseitigten wesentlich schneller die Folgen der Katastrophe für ihre eigene Familie und für das gesamte Dorf als die Menschen in anderen gleich betroffenen Regionen, in denen deutlich mehr Hilfe der traditionellen Art ankam. »In derartigen Fällen ist die Bedeutung eines neuen Darlehens vor allem psychologischer Natur«, fasst Yunus seine Erfahrungen im Umgang mit den Folgen von Katastrophen zusammen.

Die Grameen Bank und ihre Kreditgruppen und Zentren organisieren noch eine vierte Phase der Krisenbewältigung: Sie beraten mit ihren Mitgliedern über die Erhöhung der Sicherheitsmaßnahmen gegen künftige Katastrophen in den betroffenen und gefährdeten Regionen und sie führen die gemeinsam beschlossenen Aktionen auch gemeinsam durch.

Wie gut und erfolgreich Entwicklungshilfe und Entwicklungsunternehmertum ineinandergreifen können, erläuterte Muhammad Yunus an einem besonders dramatischen Beispiel, von dem er bei einer Veranstaltung berichtete, die die Organisation »Terra One World Network« im Frühjahr 1999 im Stuttgarter Rathaus organisierte. Yunus erzählte damals die schier unglaubliche Geschichte einer Frau aus seiner Heimat, die Geschichte von Pramila.

In den Zeiten des Bürgerkriegs in Bangladesch 1971 brannte die pakistanische Armee das Haus von Pramila gleich zweimal nieder. 13 Jahre später wurde sie Mitglied bei der Grameen Bank. Einige Zeit danach erlitt sie eine schwere Darmentzündung mit der Diagnose, dass sie nach der unumgänglichen Operation zwei Jahre lang nicht arbeiten könne. Die Mitglieder in ihrem Kreditteam boten ihr an, die Kosten für die Operation aus den Mitteln dieser Gruppe zu finanzieren. Doch dies reichte nicht und sie musste zusätzlich ihre Kuh und ihren Lebensmittelladen verkaufen.

Nachdem sie wieder genesen war, kaufte sie sich von einem neuen Darlehen einige Milchkühe. Doch diese verendeten an einer unbekannten Krankheit. Die Mitglieder ihres Kreditteams boten ihr erneut einen Kredit aus den Mitteln ihres Teams an, damit sie sich wenigstens wieder eine Kuh leisten könne. Sie begann erneut mit dem Aufbau einer kleinen Existenz.

Doch 1988 zerstörte eine Flut ihr Haus und vernichtete ihre gesamte Ernte. Die Mitarbeiter der Grameen Bank leisteten Nothilfe, und aus dem Nothilfefonds des regionalen Grameen-Zentrums erhielt sie 40 kg Weizen sowie Gemüsesaaten. Nach nur drei Wochen eröffnete Pramila wieder ihren Laden.

1992 traf sie die nächste Katastrophe, diesmal eine individuelle. Eine Petroleumlampe entzündete das Haus und die Flammen griffen auf die Lagerbestände über. Alle Vorräte, ihr Laden und ihre Kühe waren erneut verloren. Alles, was sie und ihr Mann retten konnten, waren ihre drei Kinder. Die Grameen Bank sowie der Gruppenfonds gewährten ihr erneut Kredite. Pramila eröffnete ihren kleinen Laden wieder und investierte in Dünger für ihre Felder. Die drei inzwischen erwachsenen Söhne unterstützten sie bei der Rückzahlung. Nachdem es ihr wiederum gelungen war, ihre Kredite pünktlich zurückzuzahlen, nahm sie nun ein Darlehen auf, um sich ein neues und diesmal besser geschütztes Haus zu bauen. Sie konnte sich und ihre Familie ernähren und es blieb etwas übrig, um weitere Investitionsschritte zu planen.

Die Geschichte von Pramila ist, was die Anzahl und Dramatik der Katastrophen betrifft, sicher keine normale Biographie. Aber selbst in dieser Situation trug das Gesamtnetz, das Grameen mit der Zeit aufbauen konnte. Pramila blieb Unternehmerin und wollte niemals wieder in den Zustand der Unselbstständigkeit zurückfallen.

Muhammad Yunus sieht die Zukunft der Menschheit und den besten Weg aus der Armutsfalle in der Schaffung von Rahmenbedingungen, die es den Menschen ermöglichen, ihr Leben selbst zu bestimmen und den Lebensunterhalt für sich und ihre Familie selbstständig zu erwirtschaften. »Almosen sind die schlimmste Beleidigung und Entwürdigung für die Armen«, das sagt der Friedensnobelpreisträger immer wieder. In Almosen stecke die katastrophale Botschaft: »Du kannst nichts, du bist nichts, aus dir wird nie ein selbstständiger Mensch.« Diese Botschaft sei die schlimmste aller Katastrophen, weil sie den Menschen seiner Würde beraube, und diese liege in seiner Fähigkeit, sein Leben eigenständig zu meistern. »Ich möchte das Problem lieber lösen, als eine Hand zu reichen und die Person für einen Tag zu versorgen«, grenzt sich Yunus von dem Konzept einer Hilfe durch Almosen ab. Natürlich weiß er: Hilfe ist gut und nützlich, wo es gilt, eine akute Situation zu meistern, die ohne Hilfe von außen nicht bewältigt werden kann. Dies ist auch der dauerhafte Platz für Hilfswerke im traditionellen Sinne. Doch alle Hilfe, die über diesen Punkt hinausgeht, hemmt den Menschen in seiner Befähigung zum Lebensunternehmer.

Vielleicht ist dies Muhammad Yunus' wichtigstes Anliegen überhaupt: den Nachweis zu erbringen, dass es weitaus mehr Sinn ergibt, Menschen, die bisher außerhalb der normalen Wirtschafsabläufe standen, in diese zu integrieren, als für sie jenseits davon eine eigene Welt der Sozialhilfe, der finanziellen und sozialen Abhängigkeit zu schaffen und auf Dauer zu erhalten. Es ist verlockend, Menschen eine besondere Form der Zuwendung zu zeigen, indem man ihnen Hilfe anbietet. Aber schon kleine Kinder nehmen solche Hilfe nur in einem ganz bestimmten Rahmen gerne an. Danach erfolgt sofort eine Abgrenzung und Unabhängigkeitserklärung: »Ich kann das!« Dies ist nicht Selbstüberschätzung, sondern authentischer Ausdruck des Lebenswillens. Leben bedeutet die Fähigkeit zur Selbstbestimmung. Nur Selbstständigkeit garantiert die gleiche Augenhöhe zwischen den Menschen, ohne die sich eine Kultur der Würde und echten Wertschätzung nicht entwickeln kann. Wenn man dies akzeptiert, dann ergeben auch Zusammenarbeit, Teamgeist und wechselseitige Hilfe wieder Sinn. Aber eben auf der Basis der Selbstständigkeit.

Yunus ist unser überbordendes und überbehütendes Sozialsystem in den westlichen Gesellschaften ein Graus. Und er spricht selbstbewusst aus: Auf diesem Gebiet kann der Westen eine Menge von den Grameen-Frauen lernen.

Weil Yunus davon überzeugt ist, dass sehr viele soziale Probleme durch ein Sozialunternehmertum viel besser gelöst werden können, trafen er und sein Team im Jahr 1983 die Entscheidung, die Kleinkreditprojekte der Grameen-Bewegung auch zu einem richtigen Unternehmen zu machen. Eine Bank muss wirtschaftlich unabhängig sein. Daher nimmt die Grameen Bank seit 1995 weder Gelder von Stiftungen noch von staatlichen oder privaten Förderorganisationen an. Sie arbeitet absolut unabhängig als ein rein wirtschaftliches Unternehmen mit dennoch gleichbleibend starken sozialen Effekten. Keine Krisen, keine Rückschläge und auch nicht die verheerende Flutkatastrophe von 1998 führten dazu, dass die Grameen Bank diesen Entschluss wieder rückgängig machen musste. Grameen arbeitet profitabel! Doch der gesamte Profit, sei er auf der Ebene der Dienstleistungen dieses Unternehmens, sei er auf der Ebene der erwirtschafteten Überschüsse, steht unmittelbar den Armen zur Verfügung. Grameen ist das erste im besten Wortsinne profitable Großunternehmen der Ärmsten der Welt!

Mit diesem Schritt gab Grameen jedoch die zahlreichen Aktivitäten zur weltweiten Verbreitung seiner Idee sowie zur Entwicklung neuer Geschäftsfelder nicht auf. Diese Aktivitäten wurden vielmehr ausgelagert in den Grameen Trust. Dessen Arbeit wird im übernächsten Kapitel näher erläutert.

Der Grameen-Ansatz kann die Zielgruppe der Ärmsten zwar in einem ganz ungewöhnlich großen Umfang, aber nicht umfassend erreichen. Wo Menschen um das nackte Überleben kämpfen, kann ein Kleinkreditsystem nicht funktionieren. Dies gilt nicht nur bei Katastrophen, wo Grameen für eine gewisse Zeit die Funktion eines Hilfswerks einnimmt, sondern auch in Kriegssituationen; es gilt für Menschen, die in die Teufelskreise eines Partisanenlebens geraten sind, ebenso wie für Bettler. Für die beiden letztgenannten Gruppen hat der Grameen Trust in jüngerer Zeit spezielle Programme entwickelt, mit denen er ihnen ermöglicht, ihrerseits erfolgreich Kleinkredite aufzunehmen und sich damit eine eigene Existenz aufzubauen. Eine wichtige Rolle spielen dabei Individuen oder Zentren, die für die Betroffenen Betreuerfunktionen übernehmen, um sie an den Umgang mit kleinen Geschäften heranzuführen. Rund 100 000 Bettler haben an diesen Programmen bisher teilgenommen. Sie erreichten dabei immerhin bereits eine Rückzahlungsquote der ihnen zur Verfügung gestellten Kredite von über 60 Prozent. In dem Maße, wie die Betreuungsprogramme nach und nach verbessert werden, steigt diese Quote kontinuierlich an.

## 3. »Almosen sind die schlimmste Beleidigung der Armen«
### *Wie ein Kleinkredit das ganze Leben verändern kann*

All jene, die Muhammad Yunus persönlich begegneten, sind sich einig: Dieser Mann strahlt Herzlichkeit, Güte und eine selbstverständliche Wertschätzung aus. Er selbst sagte einmal: »Ich bin fest davon überzeugt, dass jeder Mensch ein nicht nutzbar gemachter Schatz mit unbegrenzten Fähigkeiten ist.«

Yunus' Anspruch, auch den Ärmsten auf gleicher Augenhöhe zu begegnen, bleibt bei ihm keine leere oder nur zeitweise gültige Floskel. Seine leuchtenden Augen strahlen eine tiefe Freude und ein immer wieder bestätigtes Staunen darüber aus, dass sich sein Menschenbild täglich bestätigt. Denn die Ärmsten strafen immer wieder neu all jene Menschen Lügen, die glauben, sei seien zu einem selbstständigen Leben nicht fähig.

Die leuchtenden Augen sind eine Art Markenzeichen der Grameen-Bewegung. Sie fallen nicht nur bei Muhammad Yunus auf, sondern auch bei allen Grameen-Frauen. Dies mag für westliche Ohren sehr emotional, womöglich sogar kitschig klingen. Wir kennen leuchtende Augen höchstens noch von der Kinoleinwand, und dort sind sie ja in der Tat kitschig. Aus unserem Alltag sind sie so sehr verschwunden, dass wir schon die Behauptung, dass es sie gebe, leicht für eine euphorische Überzeichnung halten. Aber dennoch: Die leuchtenden Augen werden von sehr vielen Menschen wahrgenommen, die mit Yunus oder den Grameen-Frauen in Berührung kamen. Sie alle bezeichneten sie als das unverkennbare Merkmal sowohl der Verantwortungsträger als auch der Kreditnehmerinnen bei Grameen.

Hat man dies einmal ganz bewusst wahrgenommen, lässt es einem keine Ruhe mehr. Wie kann es sein, dass das Engagement eines einzelnen Menschen bei den Ärmsten der Armen das Gefühl einer solch tiefen Lebensbejahung auslöst?

Als er in einem Gruppengespräch auf dieses Phänomen angesprochen wurde, reagierte Yunus zunächst mit einer Klarstellung: Die Grameen-Frauen sind keineswegs Engel. Mit einem leichten Lächeln zerstörte er das romantisierende Bild der »guten Armen« mit einer längeren Liste an ganz normalen Unvollkommenheiten, die jedem Menschen allzu vertraut sind und ihm die Bestätigung geben: Das sind Menschen mit den gleichen Unzulänglichkeiten und Versuchungen wie wir auch. Sie können sehr ärgerlich werden, wenn etwas nicht nach ihren Vorstellungen läuft, sie können den eigenen Vorteil wichtiger nehmen als jenen des Nächsten, und auch die Armen haben ihre Statussymbole, die sie zu ihrer Selbstbestätigung brauchen.

## Die Rolle des Lernenden einnehmen

Wenn jemand über keinerlei formale Bildung verfügt und weder lesen noch schreiben kann, kein Telefon und auch keinen Fernseher besitzt, so heißt dies noch lange nicht, dass ein solcher Mensch nicht über die Probleme des Landes Bescheid wüsste. Er kennt viele davon, zwar nicht durch Bilder und Zahlen oder wissenschaftliche Erklärungsmodelle, dafür aber aus eigener täglicher Erfahrung. Und dass gebildete Menschen aus den Industrieländern besser über Probleme wie Frauendiskriminierung oder Bevölkerungsexplosion räsonieren können, bedeutet nicht, dass sie diese deshalb besser verstanden hätten, geschweige denn intelligentere Lösungen parat hätten. Sie haben kein Recht, nach Bangladesch oder in ein anderes Entwicklungsland zu kommen und die Rolle des Besserwissers zu übernehmen. Sie sollten sich lieber dafür einsetzen, dass die Welt die Sicht der Betroffenen besser kennenlernt und dass diese realistische Chancen erhalten, sich zu artikulieren und Gehör zu finden.

Ein hochrangiger Mitarbeiter der Deutschen Gesellschaft für technische Zusammenarbeit (GTZ) fasste dieses Dilemma der staatlichen Entwicklungsarbeit bei einer Podiumsdiskussion an der Uni Frankfurt/M. in die drastischen Worte: »Wenn ich sagen könnte, dass unsere Entwicklungshilfe bisher weniger Schaden als Nutzen gestiftet hätte, wäre ich damit schon zufrieden.«

Die Organisation »Terra One World Network«, die ich 1994 gemeinsam mit Freunden ins Leben gerufen habe, hat es sich zum Ziel gesetzt, dieser fehlgeleiteten Entwicklungshilfe entgegenzuwirken. Sie macht Projekte bekannt, die von Einheimischen entwickelt wurden und nicht von gutmeinenden Entwicklungsexperten aus den Industrieländern, Projekte, deren Ausgangspunkt der Glaube an die großen eigenen Potentiale der Menschen in diesen Ländern ist, Projekte, die zu einem Transfer von Süd nach Süd taugen anstatt von Nord nach Süd, und schließlich Projekte, die sich durch hohe innovative Qualität auszeichnen und zugleich sehr erfolgreich sind.

Projekte wie Grameen sind ungleich besser eingepasst in den kulturellen Zusammenhang, sie entsprechen den wirklichen Bedürfnissen der Menschen in den Entwicklungsländern viel mehr und werden deshalb auch besser angenommen und selbstbewusster weiterentwickelt.

Muhammad Yunus war einer der ganz wenigen, die es aus eigener Kraft schafften, eine derartige Innovation wie die

Grameen Bank zu weltweiter Bekanntheit zu bringen. Yunus möchte mit seinem Denken, Leben und Wirken jedoch nicht nur erreichen, dass seine Grameen-Bewegung weltweit zur Kenntnis genommen wird. Es ist ihm ein großes Anliegen, dass dies auch bei ähnlichen Initiativen für eine Welt frei von Armut geschieht. Wir sollen unsere Blickrichtung ändern und erkennen, welche Potentiale und welche Innovationskraft in jenen Menschen liegen.

## Der neue Status der Frauen

Die Geschichte von Hajeera Begum spricht für sich: Weil ihre Eltern ihre sechs Töchter nicht ernähren konnten, verheirateten sie Hajeera an einen Blinden, denn dieser verlangte keine Mitgift. Da ihr Mann aber nicht zur Arbeit gehen konnte, musste sie für den Unterhalt sorgen. Trotz größter Anstrengungen gelang es ihr nicht, immer genügend Essen für ihre drei Kinder auf den Tisch zu stellen. Als sie von Grameen hörte, bat sie ihren Mann um die Erlaubnis, dort Mitglied zu werden und einen Kredit aufzunehmen, um sich so eine kleine Existenz aufbauen zu können. Ihr Mann lehnte ab und drohte mit Scheidung, weil er gehört hatte, dass Grameen den Islam vernichten wolle. Heimlich besuchte Hajeera im Nachbarort ein Grameen-Treffen. Nachdem sie genügend Mut geschöpft hatte, sagte sie ängstlich: »Mein ganzes Leben lang hat man mir immerzu gesagt, dass ich zu nichts tauge. Meine Eltern meinten, ich sei ihr Unglück, weil ich eine Frau sei. Oft habe ich meine Mutter sagen hören, dass sie mich am besten gleich nach der Geburt getötet hätten. Ich glaubte, keinen Kredit wert zu sein oder ihn nie bezahlen zu können.« Als sie mit der Ermutigung und aktiven Unterstützung der anderen Mitglieder ihres

Kreditteams den ersten Kredit in Höhe von 50 Dollar erhielt, liefen ihr die Tränen über die Wangen. Sie kaufte sich auf den Rat ihrer Kolleginnen hin ein Mastkalb und ungedroschene Reishalme zur Gewinnung von Reiskorn und arrangierte, dass ihr Vater das Kalb nach Hause zu ihrem Mann brachte. Dieser war von der Initiative so gerührt, dass er alle Scheidungsgründe für immer vergaß.

Frauen, die über Generationen hinweg auf ein sehr enges häusliches und dörfliches Umfeld reduziert worden sind, denen ständig eingeredet wird, wie gering ihre Bedeutung ist und was sie alles nicht dürfen, fällt es nicht leicht, den Mut zu eigenen Überlegungen zu fassen, geschweige denn den Mut zu eigenen Entscheidungen. Da sie täglich aufs Neue erkennen müssen, wie ausweglos der ihnen gesetzte Lebensrahmen ist, klagt fast keine von ihnen über die Ungerechtigkeit und die Verkennung der Fähigkeiten, die in ihnen schlummern. Sie glauben nicht einmal selbst daran, dass sie zu etwas befähigt sein könnten.

Als Muhammad Yunus die ersten Gespräche mit »seinen neuen Professorinnen« führte, musste er einige Überzeugungskunst aufbieten, um den Schleier, den diese Frauen um ihre Selbstwahrnehmung legten, beiseitezuschieben. »Die einfache Tatsache, dass sie lebendig waren und mir gegenübersaßen, atmeten und Tag für Tag gegen die Not ankämpften, bewies zweifelsfrei, dass sie eine nützliche Fähigkeit besaßen – die Fähigkeit zu überleben.« So und ähnlich bereitete Yunus den Frauen behutsam den Weg zu der Erkenntnis, dass in jeder von ihnen bislang unbekannte Talente ruhten.

Doch es bedurfte nicht viel Zeit, bis die ersten Kreditnehmerinnen lernten, sich selbst und ihre Umgebung mit anderen Augen zu sehen. Dank des Kleinkredits lernten sie sehr schnell, wie die Veränderung einer simplen Rahmenbedingung sich auf ihr Leben auswirkt und noch weiter auswirken würde: Sie waren plötzlich nicht mehr so abhängig von ihren Männern. Es bedarf keiner näheren Erläuterung, wie gravierend sich die Beziehung zwischen Mann und Frau ändert, wenn beide über ein eigenständiges Einkommen verfügen oder wenn gar das Einkommen der Frau höher ist als das des Mannes. Und jeder kann sich leicht vorstellen, was dies innerhalb einer strenggläubigen Gesellschaft bedeutet, insbesondere dann, wenn sich dieser Prozess nicht innerhalb von zwei oder drei Generationen abspielt, sondern in wenigen Wochen und Monaten. Arm waren in diesen Familien beide, Frau und Mann. Doch die Lebenssituation der gesamten Familie verbessert sich unübersehbar am schnellsten durch die unternehmerische Tätigkeit der Frau.

Die Grameen-Frauen werden, sofern sie dies nicht ganz eigenständig so handhaben, von ihren Betreuern beraten, klug und umsichtig mit ihren neuen Freiheiten und Möglichkeiten der Lebensgestaltung umzugehen. Sehr viele beziehen ihre Männer aktiv in ihre Geschäfte ein, und dafür gibt es genügend gute Gründe; zum Beispiel trägt es dazu bei, dass der Bedeutungszuwachs der Frauen in der Dorfgemeinschaft nicht allzu sichtbar wird. Frauen auf dem Lande in Bangladesch dürfen traditionell nicht auf den Markt in der nächsten größeren Ortschaft gehen. Wenn sie ihre eigenen Produkte auf dem Markt verkaufen wollen, so geht das nur über die Männer und am besten über die eigenen Männer. Sie bewahren damit den Anschein, dass diese weiterhin das Sagen haben, und schützen dadurch zugleich ihre noch junge Freiheit.

In den Kreditgruppen denken die Frauen nicht nur über ihre eigene neue Tätigkeit nach, sondern auch darüber, wie man diese erfolgreich gestalten und weiterentwickeln kann. Gemeinsam mit ihren Partnerinnen machen sie sich Schritt für Schritt Gedanken über alle Aspekte der Verbesserung ihrer Lebenssituation, innerhalb ihrer Familie, innerhalb ihrer Verwandtschaft, innerhalb des Dorfes und auch über das eigene Dorf hinaus, wenn es beispielsweise um die Nutzung von Handys geht, um besser über die aktuellen Marktpreise für ihre Produkte informiert zu sein.

Durch diese Lernprozesse werden sie aktive Mitdenker und Mitgestalter ihrer Umgebung, man kann auch sagen: aktive Mitbürger. Wer unter den Ärmsten für die Emanzipation der Frauen kämpfen will, sollte dies durch die Förderung der Kleinkreditbewegung tun. Dies ist vermutlich der wirkungsvollste Weg.

## Der andere Bildungseffekt

Nahezu alle Menschen dürften sich einig sein: Die Armen sind arm, weil sie keinen Zugang zu Bildung haben, weil ihnen eine hinlängliche Ausbildung fehlt. Hier muss jegliche Unterstützung ansetzen. So bestechend diese Logik zu sein scheint, auch hier hat der Professor, der sich die Ärmsten zu seinen Professorinnen erwählte, eine deutlich andere Meinung:

»Nimmt man die Verhältnisse vor Ort genauer in Augenschein, so muss man feststellen, dass die Armen nicht etwa arm sind, weil sie Analphabeten sind oder wenig Bildung besitzen, sondern weil sie die durch ihre Arbeit entstehenden Gewinne nicht behalten können. Dies wiederum ist darin begründet, dass sie keinen Zugang zum Kapital haben und allein jene, die es kontrollieren, die Spielregeln definieren«, meint Yunus. Zudem kritisiert er, dass im Rahmen von Bildungsprojekten in der Entwicklungsarbeit »neues Wissen so vermittelt wird, dass die Auszubildenden den Eindruck gewinnen, sie seien völlig unwissend und dumm«.

Yunus übersieht selbstverständlich nicht, welch herausragender Stellenwert der Bildung bei allen menschlichen

Entwicklungsprozessen zukommt. Aber er schlägt ein anderes Vorgehen vor: »Viel produktiver ist es«, so meint er, »eine Situation zu schaffen, die bei den Menschen die Lust auf eine Ausbildung hervorruft.« Und: »Wenn sie sie selbst finanzieren müssen, so werden sie sie ihren Ansprüchen entsprechend auswählen. Wer zahlt, sucht aus. Darin liegt das ganze Geheimnis.«

Am Anfang jeder Entwicklung steht in der Grameen-Welt nicht die Bildung, sondern der Kleinkredit. Erst der Kredit und eine erfolgreich umgesetzte Geschäftsidee ermöglichen die Befreiung von materieller Not, die absolute Voraussetzung dafür, dass ein Wunsch nach Bildung überhaupt entstehen kann. Bei den Frauen, die so wieder Lebenshoffnung schöpfen, ist der erste und natürlichste Impuls: Meine Kinder sollen es besser haben. Sie sollen eine Ausbildung genießen. Sobald genügend übrig bleibt, wird für die Ausbildung der Kinder gespart, und sobald genügend angespart ist, wird ein Kredit für deren Ausbildung beantragt und selbstverständlich bewilligt. Denn Grameen weiß: Ein besserer innerer Antrieb ist nicht denkbar als die Perspektive auf eine bessere Bildung und Zukunft für die Kinder. Und wenn erforderlich, tun sich mehrere Kreditnehmerinnen zusammen, um gemeinsam einen eigenen Lehrer für ihre Kinder zu engagieren. Man kann es kaum fassen: Die Ärmsten sind bei der Suche nach der bestmöglichen Bildung für ihre Kinder wählerisch. Wer zahlt, sucht aus. Diese kühne These ist keine haltlose Behauptung, sondern beschreibt ganz einfach die Erfahrung, die die Grameen-Mitarbeiter täglich machen. *Alle* Kinder von Grameen-Frauen gehen zur Schule und erstaunlich viele Kinder von ehemals bettelarmen Frauen schaffen es bis zum Hochschulabschluss. Ein eigens entwickeltes Kreditprogramm zur Förderung von Hochschulbesuchen von Grameen-Kindern wurde bereits mehr als 10 000 Mal in Anspruch genommen.

Manchmal kamen diese Studenten auf Yunus zu und fragten, ob er ihnen nun auch bei der Jobsuche helfen könne. Seine klare Antwort darauf: »Ihr seid Grameen-Kinder. Ihr müsst morgens aufstehen und in den Spiegel schauen und sagen: ›Ich werde niemals nach einer Arbeit fragen. Ich werde Arbeit schaffen.‹ Denn es gibt einen Unterschied zwischen anderen Kindern und euch. Die Eltern der anderen haben keine Bank. Aber eurer Mutter gehört eine Bank. Euer Problem ist nicht, Geld zu beschaffen. Euer Problem ist es, eine Idee zu finden. Das ist eure Aufgabe. Was wollt ihr mit einer Ausbildung, wenn ihr danach nicht mit eurer Mutter gleichziehen könnt.« Yunus beklagt, dass unsere Bildungssysteme fast überall in der Welt eine Erwartungshaltung an die Gesellschaft heranzüchten, von der auch Grameen-Kinder nicht verschont bleiben. Daher muss die neue Botschaft, dass jeder Mensch ein Lebensunternehmer werden soll, noch oft wiederholt werden, bis die Gesellschaft insgesamt umgedacht hat.

Auch wenn die eigene Weiterbildung erst in zweiter Linie wichtig genommen wird, so sind Grameen-Frauen auch in dieser Hinsicht sehr erfinderisch und überaus neugierig. Sie organisieren sich auf eine sehr informelle Weise ihr »lebenslanges Weiterlernen«, in den Kreditteams, in anderen Gruppen, mit engagierten Lehrern. Und mithilfe der Angebote von Grameen Shikkha. Dies ist eines der vielen weiteren Unternehmen, die aus der Grameen-Familie hervorgegangen sind. Grameen Shikkha entwickelt Methoden des schnellen Lernens und nutzt dafür auch neue Technologien wie Radio, interaktives Fernsehen und Internet.

Das Fazit dieser Entwicklung ist: Wer eine Bildungsrevolution zugunsten der Ärmsten auslösen möchte, sollte dies über die schnelle weltweite Ausweitung von Kleinkreditprogrammen nach dem Modell der Grameen Bank organisieren. Eine bessere Motivationsbasis wird er kaum finden können.

Die Entscheidung für viele Kinder ist in den Armutsregionen der Welt der Ersatz für ein fehlendes System der Altersabsicherung. Für die Armen und Ärmsten der Welt gibt es keine andere Form der Vorsorge, als genügend Kinder durchzubringen. Alle Programme, die diese Ursache der Bevölkerungsexplosion außer Acht lassen, werden auf Dauer scheitern oder nur von begrenzter Wirksamkeit sein. Umgekehrt hat sich gezeigt: Überall in der Welt, unabhängig von den Unterschieden der Kultur oder der Religion, stoppte die Bevölkerungsexplosion genau in dem Augenblick, in dem die Menschen eine andere Form der Altersabsicherung fanden. Schon die Aussicht auf einen steigenden, wenn auch geringen Wohlstand wirkte Wunder.

Kleinkredite haben sich in den Regionen der Entwicklungsländer, in denen sie eingesetzt wurden – und zwar ebenfalls kulturenunabhängig – als das am schnellsten und zugleich als das am nachhaltigsten wirkende Mittel im Kampf gegen die Bevölkerungsexplosion erwiesen. Wie ist das möglich?

Eine Frau, die sich mit einem Kleinkredit in die neue Unabhängigkeit hineinbewegt, hat weder die Zeit noch länger die ursprüngliche Motivation, viele Kinder zu haben. Sie hat die hoch motivierende Perspektive auf ein eigenes besseres Leben und, falls dies nötig sein sollte, ist sie auch unabhängig genug, um sich gegen möglichen Druck seitens ihres Mannes oder ihrer Familie durchzusetzen. Durch ihr Kleinunternehmen kann sie nun selbst für den Aufbau einer Altersabsicherung sorgen. Und wenn sie sich außerdem dafür entscheidet, ihren Kindern eine bessere Ausbildung zu ermöglichen, sichert sie sich durch diese noch zusätzlich ab.

Wer sich also um die Überbevölkerung sorgt, findet in der Förderung von Kleinkreditprojekten erneut das beste Rezept zur Abhilfe. Kleinkredite wirken ab dem Augenblick, in dem sie vergeben werden. Schneller lässt sich eine wirkungsvolle Bevölkerungspolitik nicht organisieren.

## Arbeit wird mehr wert – und zwar für alle

Wie wirkt sich das Kleinkreditsystem von Grameen eigentlich auf den Wert der Arbeit aus? Für die Kreditnehmerinnen und auch für deren Ehemänner liegt die Antwort auf diese Frage auf der Hand. Beide profitieren enorm. Seit der Grameen-Revolution arbeiten bereits Hunderttausende Ehemänner und erwachsene Kinder viel lieber im eigenen Familienbetrieb. Aber wie sieht es für jene aus, die von diesem System nicht erfasst werden? Zahlen sie nun quasi die Zeche für den Erfolg der Grameen-Frauen und Grameen-Familien?

Keinesfalls. Dadurch, dass dem Arbeitsmarkt Millionen Arbeitskräfte entzogen werden, wird Arbeit zu einem knapperen Gut und damit teurer. Selbst für die am wenigsten geschützte Gruppe der Tagelöhner stellte man eine Steigerung der Löhne innerhalb weniger Jahre um nicht weniger als den Faktor 5 fest.

Wer also die Löhne in den Entwicklungsländern auf ein humaneres Niveau anheben will, sollte wiederum auf das Instrument der Kleinkredite für die Ärmsten setzen. Dies gilt übrigens auch für Gewerkschafter und sozial verantwortlich denkende Politiker in den alten Industrieländern. Der Erfolg der weltweiten Kleinkreditbewegung kommt auch ihrer Klientel, den Arbeitenden und Arbeitslosen, zugute, und zwar über folgende Effekte: Erfolgreiche Kleinselbstständige in den Entwicklungsländern heben die Löhne in ihren Ländern an, wodurch der Lohndruck auch bei uns wieder reduziert wird. Außerdem steigt auch das Interesse an

Produkten aus den alten Industrieländern, wie zum Beispiel Handys und Solargeräten, stetig.

## Eine lebendigere Demokratie

Demokratie wird in den Medien allzu oft auf die Möglichkeit freier und demokratischer Wahlen reduziert. Natürlich ist dies ein wesentlicher Aspekt von Demokratie. Weitaus wichtiger ist jedoch eine breite und unmittelbare Partizipation der Menschen, vor allem auf der lokalen Ebene, auf der sich ihr Leben ja in erster Linie abspielt.

Bleiben wir zunächst kurz beim Thema Wahlen. In Studien wurde nachgewiesen, dass die Wahlbeteiligung der Grameen-Frauen mindestens doppelt so hoch ist wie im Bevölkerungsdurchschnitt. Und hätten Grameen-Frauen einen noch höheren Anteil an der Wahlbevölkerung, hätten fundamentalistische Parteien und Politiker kaum eine Chance mehr. Schließlich kann man auch selbst antreten, wenn man die politische Kultur aktiv mitgestalten möchte. So waren es bis heute rund 10 000 Frauen aus der Grameen-Bewegung, die bei Wahlen auf lokaler und regionaler Ebene kandidiert haben – eine Sensation in einem bis heute von Männern dominierten Land. Inzwischen ist die Kandidatur von Frauen zum Normalfall geworden. In einigen Regionen stellen Grameen-Frauen ein Viertel der Abgeordneten.

Wenn wir Demokratie aber vor allem als aktive Partizipation an den die Menschen betreffenden Entscheidungsprozessen vor Ort verstehen, wird die bewusstseins- und gesellschaftsverändernde Wirkung von Kleinkrediten noch deutlicher.

Die Entwicklungschancen des eigenen kleinen Unternehmens werden unmittelbar beeinflusst durch folgende Faktoren: den Zugang zu sauberem Wasser und zuverlässigen und bezahlbaren Energien, zu modernen und flexiblen Kommunikationsmitteln wie Handys und Internet, die Verfügbarkeit von grundlegender und weiterführender Bildung, den Kampf gegen Behördenwillkür und Korruption, die Weiterentwicklung von dörflichen Gemeinschaftseinrichtungen und alles, was sonst noch Gegenstand gesellschaftspolitischer Auseinandersetzung ist. Die Grameen-Frauen entwickeln deshalb sehr schnell ein sensibles Bewusstsein für all diese Themen. Sie denken darüber nach, sie diskutieren in den Kreditgruppen im Dorf und in den Treffen mit den Mitgliedern der anderen Kreditgruppen und den Grameen-Mitarbeitern über ihre Verbesserungsideen, und sie bringen ihre Gedanken, Ideen und Erfahrungen in den Alltag ein. Wenn es nicht anders geht, ist ihr Hauptdiskussionspartner ihr Ehemann, und sobald dieser von der Sinnhaftigkeit von konkreten Maßnahmen überzeugt ist, treibt er deren Umsetzung voran.

Grameen-Frauen und -Gruppen sind die Quelle vieler neuer Initiativen zur Verbesserung der dörflichen Infrastruktur, und Grameen-aktive Dörfer erwiesen sich in Untersuchungen als erheblich wacher und fortschrittlicher als andere Dörfer.

Auch für das Thema gelebte Demokratie gilt somit: Eine partizipative Demokratie wird am besten gefördert durch die effiziente Verbreitung von Kleinkreditsystemen. Denn der Freiraum zu größerer Selbstbestimmung ebnet unweigerlich auch den Weg zu größerer gesellschaftlicher Mitbestimmung.


## Eine sozialliberale Marktwirtschaft

Die gesamte Grameen-Philosophie führt in ihren Auswirkungen zu einer Wirtschafts- und Gesellschaftsform, die man mit gewisser Vorsicht als sozialliberal bezeichnen könnte. Der Begriff sozialliberal ist in Deutschland durch die 70er Jahre geprägt und besetzt. Muhammad Yunus gebraucht diesen Terminus jedoch in einem anderen Sinn. Er meint eine Rahmenordnung, die so bürokratiefrei wie möglich den Kräften des Marktes freien Raum gibt, wobei die Rahmensetzungen jedoch so ausgerichtet sein sollen, dass sie eine soziale und humane Welt schaffen, also nichts mit neoliberalem Denken zu tun haben.

»In meiner Jugend war ich ziemlich fortschrittlich eingestellt und politisch etwa Mitte-links einzustufen, weil ich weder mit dem Zustand der Welt sonderlich zufrieden war noch mit dem Vorgehen der Konservativen übereinstimmte«, beschreibt Yunus seine damalige politische Position. »Ideologien allerdings habe ich noch nie geschätzt und auch keine Gruppen, die mir vorschrieben, was ich zu denken und zu tun hatte.«

Yunus sieht, anders als traditionelle Sozialisten und manche Sozialdemokraten, in der Marktwirtschaft ein großes Befreiungspotential. Was allerdings noch zu leisten bleibt, ist, ihr Potential und ihre befreiende Wirkung zuallererst und am stärksten für die Armen zu entfalten: »In den Vereinigten Staaten sah ich, dass die Marktwirtschaft das Individuum befreit und ihm gestattet, seine persönliche Wahl zu treffen. Der einzige Nachteil dieses Systems liegt darin, dass es immer nur den Mächtigen begünstigt, wohingegen meiner Meinung nach die Armen von dem System profitieren sollten, um ihr Los verbessern zu können.«

Die Bereitstellung von sozialen und gesellschaftlichen Rahmenbedingungen funktioniert in den westlichen Marktwirtschaften in der Regel nach folgendem Muster: Der Staat gibt den Unternehmen den Freiraum, Gewinne zu erwirtschaften, und schöpft von diesen Steuern ab, von denen er Schulen, Krankenhäuser usw. finanziert. In der Praxis arbeiten diese Gemeinwohleinrichtungen jedoch meist wenig effizient, denn sie werden von monströsen Verwaltungen in ihrer Kreativität und Selbstverantwortung behindert. Sind diese staatlichen Einrichtungen erst einmal geschaffen, entwickeln sie höchst wirksame Beharrungs- und Selbsterhaltungsmechanismen, die sie nur sehr schwer reformierbar machen. Im Ergebnis sind staatliche Einrichtungen, die dem Gemeinwohl dienen sollen, oft stark überteuert, bürokratisch, ineffizient und weit von den Menschen und ihren wirklichen Bedürfnissen entfernt. Und oft erreicht deren eigentlich intendierte Dienstleistung ausgerechnet die Ärmsten nicht mehr. Denn diese empfinden das Vorgehen solcher Einrichtungen oft als ganz besonders entmutigend und entwürdigend, so die Analyse von Yunus.

Er schlägt auch hier ein grundlegend anderes Modell vor: »Zweifellos bietet die Marktwirtschaft in ihrer heutigen Form keine Lösungen für die Übel der Gesellschaft an. Das wird besonders an der Vernachlässigung von sozialen Bereichen wie der Gesundheitsversorgung und Ausbildung der Armen sowie dem Wohlergehen alter und behinderter Menschen deutlich. Trotzdem bin ich der Ansicht, dass sich der Staat in seiner jetzigen Form hier völlig zurückziehen – die Gesetzgebung und Rechtsprechung, die Landesverteidigung und die Außenpolitik ausgenommen – und alles nach dem von sozialer Verantwortung getragenen Modell von Grameen privatisieren sollte.«

Yunus schwebt keine Privatisierung in der Form vor, wie sie heute von vielen neoliberalen Denkern gefordert und vorangetrieben wird. Für ihn ist klar, dass es die Aufgabe des Staates sein muss, die marktwirtschaftlichen Anreize so zu setzen, dass die Ergebnisse ihrer Dienstleistungen im besten Wortsinne sozial sind, ja gar nicht anders als sozial sein können. Die staatlichen Steuerungen müssen liberal sein im

Sinne der besten Freisetzung unternehmerischer Kreativität und marktwirtschaftlicher Effizienz und sozial im Sinne der Standards, innerhalb deren sich diese Kreativität und Effizienz entfaltet.

Eine soziale Marktwirtschaft, die dadurch sozial sein will, dass sie eine unternehmerische Freiheit, die soziale Ziele und Aufgaben fördert, erstickt, ist nicht sozial, sondern im Ergebnis sehr unsozial, weil sie die möglichen sozialen Effekte und Qualitäten bei Weitem verfehlt. Eine liberale Marktwirtschaft, die liberal sein will, indem sie sich nicht darum kümmert, was Markteffizienz erreichen soll und darf, ist nicht liberal, sondern schafft nur Freiraum für Willkür zugunsten der Reichen und erstickt damit die Freiräume für die Armen.

Die Vorstellungen von Muhammad Yunus sind auch in diesem Punkt aus der praktischen Erfahrung seiner Arbeit mit der Grameen Bank und den anderen Grameen-Einrichtungen entstanden: »Meine Erfahrungen mit Grameen haben mich zu der Auffassung gebracht, dass Habgier nicht die einzige Triebkraft der freien Marktwirtschaft sein muss. Soziale Ziele können die Habgier als mächtige Motivationskraft ersetzen.« Und noch deutlicher: »Wenn wir es richtig anstellen, können sozial engagierte Unternehmen eine marktbeherrschende Stellung einnehmen.«

Mit den von ihm gegründeten Unternehmen hat er dafür überzeugende Beispiele geliefert. Aber sicher werden hier viele Skeptiker einwenden: Natürlich gibt es einige sozial motivierte und in diesem positiven Sinne auch charismatische Unternehmer wie Yunus. Aber eine gesamte Gesellschaft nach diesem Muster umzugestalten ist eine ganz andere Sache.

Eine solche Argumentation unterschätzt das innovative Potential und den Beispielwert dessen, was Yunus nicht nur vorgedacht, sondern auch vorgemacht hat, völlig. Denn Yunus hat durch sein unternehmerisches Engagement millionenfach bewiesen: Eine wirklich soziale und gleichzeitig liberale Gesellschaft, in der alle von einer größeren unternehmerischen Freiheit und Kreativität profitieren, ist möglich.

Nachdem die Ärmsten der Welt den Beweis dafür bereits massenhaft erbracht haben, ist es nunmehr unsere Verantwortung, die geeigneten Rahmenbedingungen dafür zu schaffen, dass auch in anderen Dritte-Welt-Ländern eine Entwicklung in diese Richtung stattfindet.

Da auch in Europa, dessen marktwirtschaftliche Systeme in vieler Hinsicht weder besonders sozial noch besonders liberal sind, immer mehr Menschen ausgegrenzt werden, sollten wir darüber nachdenken, Muhammad Yunus einzuladen, mit uns über eine neue sozialliberale Marktwirtschaft in Europa zu diskutieren.

## 4. Das Ende der Armut
### *Lobbyarbeit in aller Welt*

Bei der ersten »Chancen-Konferenz« der Organisation »Terra« am 22. Februar 1999 in Stuttgart fasste Muhammad Yunus seine Vision für die weitere Verbreitung der Kleinkreditbewegung in ein einfaches Bild: »Ich stelle mir ein Museum der Armut vor. Irgendwann werden die Menschen in Museen gehen müssen, um zu verstehen, was Armut einmal war und wie sie aussah, und sie werden entsetzt sein und sich wundern, dass wir nicht viel früher etwas dagegen unternommen haben.« An anderer Stelle sagte er: »Ich möchte, dass die Welt im Jahr 2030 endlich die Armut überwunden hat. Nicht ein einziger Mensch auf unserem Planeten sollte dann mehr als arm bezeichnet werden können. Das Wort ›Armut‹ würde dann keinerlei Bedeutung mehr besitzen.«

Seit den 1990er Jahren trägt Yunus mit seiner Arbeit ganz wesentlich dazu bei, diese Vision Wirklichkeit werden zu lassen. Er ist nicht nur der Gründer einer ganz anderen Art von Bank und zahlreicher anderer Unternehmen, sondern er ist auch Lobbyist. Und wie man es bei ihm nicht anders erwarten kann, ist er auch ein Lobbyist der ganz besonderen Art.

Yunus suchte und pflegte schon immer den Kontakt zu Repräsentanten aller Sektoren der Gesellschaft in allen Teilen der Welt, angefangen von seinen »neuen Professorinnen« in Jobra und anderen bengalischen Dörfern bis zu den Spitzen der wichtigen Weltorganisationen und der Weltpolitik. Sein politisches Anliegen war dabei immer, auf allen Ebenen einen Prozess tief greifenden Umdenkens einzuleiten und beharrlich dafür zu werben.

Mit seiner freundlichen und verbindlichen Art und seinem zugleich sehr praktischen Erfahrungsschatz, mit seiner wissenschaftlichen Brillanz und seinem gesunden Menschenverstand hat er weltweit ein ganzes Heer an Freunden gewonnen. Aber oft konnten ihm auch seine besten Freunde nur wenig weiterhelfen, weil sie in Berater- und Mitarbeiterstäbe eingebunden waren, die noch tief im alten Denken verhaftet waren. In diesen Kreisen stieß sein Denken oft auf wenig Gegenliebe, denn Yunus trat Versuchen, das bisherige Denken und Handeln zu rechtfertigen, so geradlinig und unbekümmert gegenüber, dass diese Autoritäten sein Verhalten schon fast als Angriff auf ihre Kompetenz, ja vielleicht sogar als Infragestellung ihres Amtes missverstehen konnten.

Die Beharrlichkeit von Yunus auf diesem Parkett zahlte sich jedoch aus, auch wenn es immer wieder Rückschläge gab und gibt, wie die Angriffe in den Jahren 2009 bis 2011. Vermutlich ist die Verleihung des Friedensnobelpreises im Jahr 2006 nicht zuletzt auch auf das Heranwachsen eines wirklich erstaunlichen Kreises an Förderern aus den unterschiedlichsten Bereichen der Weltgesellschaft zurückzuführen – einer seiner Bewunderer, der damalige US-Präsident William J. Clinton, hatte ihn bereits zehn Jahre zuvor öffentlich für den Nobelpreis vorgeschlagen.


## Vom ersten »Microcredit Summit« 1997 in Washington D.C. bis zum Summit 2006 in Halifax

Bis Mitte der 90er Jahre hatte die Idee der Kleinkredite als ein Ausweg aus der Chancenlosigkeit bereits so viele Menschen und Organisationen in vielen Ländern der Welt angesteckt, dass die in den USA beheimatete Lobbyorganisation »Results«, die für das »Grundrecht auf Kredit« eintritt, auf die Idee kam, einen Weltgipfel für Kleinkredite zu organisieren. Sam Daley-Harris, der Leiter von »Results«, wollte der Idee zu einem weltweiten Durchbruch verhelfen und erreichen, dass möglichst viele Staaten und internationale Organisationen sich auf ein klares weltweites Ziel verpflichteten.

Daley-Harris bat den Leiter der inzwischen weltweit größten Organisation für Kleinkredite FINCA, John Hatch, darum, ein Papier auszuarbeiten, das diesem Ziel dienen sollte. Er schlug vor, die Welt sollte sich verpflichten, innerhalb von zehn Jahren insgesamt 200 Millionen Menschen weltweit in den Genuss von Kleinkrediten zu bringen. Da man allgemein davon ausgeht, dass sich ein Kleinkredit im Durchschnitt insgesamt auf fünf Personen innerhalb einer Familie auswirkt, bedeutete dies, dass somit schon zehn Jahre später die phantastische Zahl von einer Milliarde Menschen in den Wirkkreis von Kleinkrediten gelangt sein sollten. Das wäre dann etwa ein Drittel jener rund drei Milliarden Menschen auf dieser Erde gewesen, die in Armut leben. Doch Muhammad Yunus war skeptisch, dass ein zu hoch gestecktes Ziel die Umsetzung des Vorhabens behindern könnte. Er schlug vor, die Zahl auf 100 Millionen Kreditnehmer und damit 500 Millionen Begünstigte von Kleinkrediten festzulegen, was immer noch sehr kühn war.

Man beschloss, vom 2. bis 4. Februar 1997 in Washington D.C. den ersten »Microcredit Summit« durchzuführen. Zunächst wollte man diesen für 500 Personen planen, letztlich meldeten sich jedoch 2900 Engagierte und Interessierte aus 137 Ländern an.

Bei aller Freude über die Erfolge, die dieser »große Gipfel für die Kleinstkredite« letztlich hervorbrachte, war Yunus in der heißen Vorbereitungszeit auch tief betrübt über die Mittel, zu denen sich einige Organisationen und

Medien hinreißen ließen, um den Gipfel zu torpedieren. So wurden führende Kräfte der weltweiten Kleinkreditbewegung beispielsweise plötzlich mit obskuren Sektenbewegungen in Verbindung gebracht, um die Bewegung in Misskredit zu bringen.

Hillary Clinton, neben der spanischen Königin Sophie und dem früheren japanischen Ministerpräsidenten Tsutomo Hata eine der drei Co-Vorsitzenden, eröffnete schließlich die so lange ersehnte Konferenz mit den Worten: »Dies ist eine der wichtigsten Versammlungen der Welt. Der Kleinstkredit bedeutet nicht nur, den einzelnen Menschen eine wirtschaftliche Möglichkeit zu eröffnen. Er beschwört die Gemeinschaft. Er beschwört die Verantwortung. Er zeigt auf, in welcher Weise wir alle in der heutigen Welt miteinander verbunden sind und voneinander abhängen. Er bedeutet, dass man begriffen hat: Wenn man Menschen in Indien oder Bangladesch aus der Armut herausführt, wirkt sich dies positiv auf die gesamte Weltgemeinschaft aus. Es bereitet einen fruchtbaren Boden, auf dem die Demokratie wachsen kann, weil die Menschen an die Zukunft glauben.«

Yunus berichtet, die Eröffnungsfeier habe ihm Tränen in die Augen getrieben: »Allen Anwesenden war klar, dass wir die auf dem Gipfel gesetzten Ziele nicht nur erreichen, sondern übertreffen würden, wenn wir während der kommenden neun Jahre diesen Energiepegel aufrechterhalten könnten.«

Fast alle Leiter der wichtigsten internationalen Organisationen von der Weltbank über das UNDP (United Nations Development Programme), die UNICEF und die UNESCO sowie zahlreiche Staatsoberhäupter, Ministerpräsidenten und Minister von Mali bis Malaysia, von Uganda bis zu den USA waren anwesend – und jeder Einzelne von ihnen beschwor die Stärke des Instruments Kleinstkredite für den weltweiten Kampf gegen die Armut.

Muhammad Yunus sagte in seiner Eröffnungsrede: »In meinen Augen ist dieser Gipfel eine große Feier – wir feiern die Befreiung des Kredits aus der Sklaverei der Sicherheit. Dieser Gipfel ist zusammengetreten, um der Ära der finanziellen Apartheid Lebewohl zu sagen. Dieser Gipfel erklärt, dass der Kredit mehr als nur eine geschäftliche Angelegenheit ist, nämlich wie Nahrung ein Menschenrecht. Wir werden eine Welt ohne Armut schaffen!«

Es wurde in unterschiedlichen Gremien gearbeitet, die nach den Kategorien Praktiker und Projektleiter, Geldgeberinstitutionen, internationale Finanzinstitutionen, Einrichtungen der Vereinten Nationen, private Organisationen, Parlamentarier und Anwälte sowie religiöse Organisationen gegliedert waren.

Neben der Selbstverpflichtung und der Selbstbestätigung für das gemeinsam verabschiedete große Ziel war das wichtigste Ergebnis die Idee, den Kleinkredit aus der Verborgenheit in die Wahrnehmung all der Menschen zu rücken, die sich mit Entwicklungsthemen beschäftigen, sei es beruflich oder aus persönlichem Interesse.

Der Erklärung mit dem Ziel, bis Ende des Jahres 2005 insgesamt eine halbe Milliarde Menschen in den Genuss von Kleinstkrediten zu bringen, schlossen sich im Laufe der folgenden Wochen mehr als 2000 Organisationen an. Bis Ende Dezember 2003 berichteten insgesamt 2931 Kleinkreditinstitutionen, dass sie 81 Millionen Kleinkredite vergeben hatten, davon 55 Millionen an Menschen, die zum Zeitpunkt der Kreditvergabe von weniger als einem Dollar pro Tag leben mussten. Bis Ende 2004 waren weitere sechs Millionen Menschen erreicht. Und Anfang November 2006 konnte das Komitee der Microcredit Summit Campaign auf der Grundlage der Rückmeldungen von 3100 Kleinkreditorganisationen berichten: Ziel erreicht! Insgesamt schätzt die Weltbank die Zahl der Kleinkreditinstitutionen inzwischen auf rund 10 000.

Der Beitrag, den die Grameen Bank mit ihrer eigenen Banktätigkeit bis November 2006 selbst geleistet hat, lag bei 6,6 Millionen Kreditnehmerinnen, die insgesamt seit Bestehen der Bank mehr als 6 Milliarden Dollar an Krediten erhalten haben. Bis Ende 2011 waren es 8,4 Millionen Kreditnehmerinnen mit einem Kreditvolumen von 11,5 Milliarden Dollar. Sie ist inzwischen mit 2600 Filialen und rund 20000 Mitarbeitern in mehr als 81000 Dörfern vertreten. Im Durchschnitt haben nach fünf Jahren rund 75 Prozent der Kreditnehmerinnen die Armutsgrenze hinter sich gelassen.

Zum Global Microcredit Summit vom 12. bis 15. November 2006 in Halifax, Kanada, mit mehr als 2000 Teilnehmeranmeldungen, kann festgestellt werden: Das beim ersten Microcredit Summit von 1997 gesteckte Ziel wurde tatsächlich erreicht, wenn man die offizielle Armutsdefinition zu Grunde legt, nach der einem Armen weniger als zwei Dollar pro Tag zur Verfügung stehen. Sehr hilfreich für diesen großartigen Erfolg war, dass die Vereinten Nationen das Jahr 2005 zum UNO-Jahr des Kleinkredits erklärt haben.

Die Halifax-Konferenz 2006 dient der Bestimmung der nächsten großen Meilensteine auf dem Weg zu Yunus' erklärtem Ziel, dass es im Jahr 2030 keine Armen mehr auf dieser Welt geben soll:

- Bis 2015 sollen insgesamt 175 Millionen Menschen Kleinkredite erhalten haben und damit 875 Millionen in den Wirkkreis von Kleinkrediten gebracht worden sein.
- Davon sollen bis 2015 insgesamt 100 Millionen der Ärmsten erreicht werden, also Menschen, die von weniger als einem Dollar pro Tag leben müssen.

So kritisch Muhammad Yunus die Weltbank auch sah, so herzlich sind dennoch die Freundschaften, die er ausgerechnet mit zwei Führungspersönlichkeiten dieser Einrichtung knüpfte. Diese beiden Freunde trugen ganz maßgeblich zum Durchbruch der Ideen von Yunus bei.

Einer davon war Ismail Serageldin, der die Weltbank zu einer Zeit als Vizepräsident repräsentierte, als Yunus diese öffentlich besonders scharf attackierte. 1993 lud Serageldin Yunus zu einem Gespräch ein, bei dem er ihm eine besondere Unterstützung der Weltbank für seinen Grameen Trust anbieten wollte. Serageldin wusste, dass Yunus kurz zuvor an eine Reihe von Regierungen und internationale Organisationen geschrieben und um eine Unterstützungssumme von insgesamt 100 Millionen Dollar gebeten hatte. Er wusste auch, dass er bis dahin viele Absagen und nur eine einzige Zusage über zwei Millionen Dollar von US-AID erhalten hatte. Eine Woche, nachdem Serageldin Yunus dazu überredet hatte, auch die Weltbank offiziell zu fragen, teilte man ihm mit: »Wir haben Ihren Antrag geprüft und bewilligen Ihnen die 98 Millionen Dollar, die Ihnen gefehlt haben.«

Yunus selber hatte die Weltbank nicht angesprochen, weil er wusste, dass es zu deren Regularien gehört, Kredite nur an Regierungen zu vergeben. Letztlich erwies sich dies als ein nicht zu überwindendes Hindernis. Und obwohl Serageldin bereits zugesagt hatte, war es ihm letztlich doch nur möglich, zwei Millionen Dollar für das Projekt von Yunus zu organisieren, und zwar aus einem Sonderfonds, der dem Weltbankpräsidenten zur direkten Verfügung stand, sowie eine weitere halbe Million aus der Rockefeller-Stiftung. Aber damit fehlten immer noch exakt 95,5 Millionen.

Serageldin scheiterte an seiner eigenen Bürokratie, aber er wollte nicht aufgeben und unternahm alles, um die 100 Millionen auf anderem Wege zu organisieren. So kam er auf die Idee, eine Beratergruppe unter dem Dach der Weltbank zu gründen, um die Geldgeber zusammenzubringen, die bereits Kleinstkreditprogramme finanzierten oder dazu bereit waren. Auch hier stieß er auf starke Vorbehalte, die er nur mit Hartnäckigkeit überwinden konnte. 1995 stand das Projekt endlich und die »Consulting Group to Assist the Poorest«, kurz CGAP, wurde aus der Taufe gehoben.

Heute arbeiten 33 staatliche und private Geldgeber-Organisationen in der CGAP zusammen, darunter beispielsweise auch die Deutsche Gesellschaft für Internationale Zusammenarbeit (GIZ), mehrere andere nationale Entwicklungsorganisationen und -ministerien, die Kontinentalen Entwicklungsbanken, das UN-Entwicklungsprogramm sowie z. B. die Ford-Stiftung. Die CGAP ist in vieler Hinsicht ein Erfolg, aber Yunus sah in der weiteren Entwicklung der CGAP seine wesentlichste Befürchtung bestätigt: Es fällt den großen Organisationen schwer, ihr grundlegendes Förderkonzept umzustellen und sich wirklich auf die Ärmsten zu konzentrieren. Der Grund hierfür wird an einer Anekdote deutlich, die von einem CGAP-Treffen aus deren Anfangszeit erzählt wird. Bei diesem Treffen sollen Vertreter von staatlichen Entwicklungsorganisationen freudig ihren »Erfolg« verkündet haben, der darin bestand, dass sie ihre Einrichtungen davon überzeugt hatten, jetzt »nur noch« 90 Prozent der für Kleinkreditförderung bewilligten Gelder für die eigenen Kleinkreditberater aufzuwenden, so dass damit also 10 Prozent für die Kreditvergabe an die Ärmsten zur Verfügung stünden. Yunus soll dies so kommentiert haben: »Wunderbar, die Relation 90:10 geht in Ordnung. Nur müssen wir uns nun noch einigen, an wen die 10 Prozent gehen und an wen die 90 Prozent.«

1995 war auch das Jahr, in dem James D. Wolfensohn für zehn Jahre die Präsidentschaft der Weltbank antrat. Er fühlte sich der Idee von Yunus in ganz besonderer Weise verbunden und verkündete gleich zu Beginn seiner Amtszeit, dass er in der Förderung der Kleinkreditidee einen Schwerpunkt seiner Arbeit sehe. Immer wieder sprach er über das Wunder der Kleinkredite. So beim Microcredit Summit 1997: »Auf diesem Gipfel verpflichten wir uns, Ihr Partner zu sein. Wir werden Ihnen in jeder uns möglichen Weise helfen. Wenn wir es nicht richtig machen, sagen Sie uns, wie wir es richtig machen können. Lassen Sie uns als Partner zusammenarbeiten und versuchen, dieses 100 Millionen-Ziel zu erreichen, und uns darum bemühen, dass wir unseren Kindern eine friedlichere und sicherere Welt hinterlassen.« Doch in der Umsetzung seines Engagements innerhalb der eigenen Organisation blieb auch er weitgehend ein Gefangener der bürokratisch verfestigten Strukturen und Ideologien der Weltbank, die in der Praxis viel weniger über ihren Präsidenten gesteuert wird als über die Nationen, die entsprechend ihres finanziellen Inputs Einfluss nehmen können. Solange sich dort das Denken nicht ändert, ändert sich die Politik der Weltbank nur wenig.

## Gehört die Zukunft dem »Microcredit Investment«?

Es spricht einiges für die These derer, die im »Microcredit Investment« ein neues großes Geschäftsfeld erkennen, auch für »normale« Banken. Werden Citibank und Deutsche Bank bald auch in dieses Geschäft einsteigen?

Natürlich hat in den oberen Etagen der weltweit operierenden Großbanken irgendwann ein Prozess des Nachdenkens eingesetzt. Die Citibank hatte hier die Nase vorn und experimentierte selbst mit Kleinkrediten – anfangs natürlich nur mit sehr mäßigem Erfolg. Die Citigroup blieb dem neu entdeckten Thema jedoch treu und trat im UNO-Jahr des Kleinkredits 2005 als einer der Hauptsponsoren auf.

Zunächst waren jedoch nicht die traditionellen Großbanken mit ihren Versuchen erfolgreich, sondern eigene neue Kleinkreditbanken wie beispielsweise Sogesol in Haiti, die Xac Bank in der Mongolei oder die Opportunity Bank in Montenegro. Die BancoSol in Bolivien, bei der immerhin zwei Drittel der vergebenen 85000 Kredite unterhalb von 300 Dollar lagen, erzielten im vergangenen Jahr mit dem neuartigen Banking einen Gewinn von 19 Prozent bei einer Kreditsumme von 150 Millionen Dollar. In Bolivien ist der Sektor der Kleinkreditbanken inzwischen schon größer als jener des traditionellen Bankwesens. Natürlich muss diese neue Entwicklung und jedes einzelne Institut, das hier tätig wird, sehr genau beobachtet werden. Denn auch hier werden, wie in allen Sektoren, schwarze Schafe ihr Glück versuchen. Grundsätzlich ist es jedoch zu begrüßen, dass Kleinkredit-Banking nach und nach ein Teil des normalen Bankwesens wird. Muhammad Yunus sieht in dieser Entwicklung sogar die Chance, dass sich in der gesamten Wirtschaft langsam ein sozial verantwortliches Denken und Handeln verbreitet.

Was hier in Bewegung kommen kann, zeigen folgende Beispiele: Der Luxemburger Dexia MicroCredit Fonds ist der erste Fonds, der sein gesamtes Anlagevermögen in Kleinkreditprojekte investiert, mit dem derzeitigen Schwerpunkt in Lateinamerika. Über die ersten sechs Jahre hinweg liegt der kumulierte Gewinn für die Anleger bei 30 Prozent. Der US-Fonds MicroVest nahm sich jährliche Wachstumsraten von 50 Prozent vor. Ein wichtiges Signal für die weitere Entwicklung dieses Fonds gab die Einlage einer halben Million durch Cisco Systems, eines der profitabelsten Unternehmen der Welt. Das Trio Merrill Lynch, Deutsche Bank und Hewlett-Packard folgte im selben Jahr einem Aufruf von Bill Clinton und stellte 75 Millionen bereit. Der Credit Suisse legte einen Kleinkreditfonds auf, weitere Investoren folgten. Insgesamt investierten 2009 Privatinvestoren bereits mehr als 12 Milliarden US-Dollar in Mikrofinanzorganisationen.

Aber auch für Stifter wird die Kleinkreditidee immer verlockender. Die Idee von »sozialem Investment« für die Förderung des »Unternehmertums von unten« überzeugt gerade erfolgreiche Unternehmer, weil sie ihrem eigenen Glauben an Eigeninitiative und Selbstverantwortung entspricht. So stellte der Ebay-Gründer Pierre Omidyar im UNO-Jahr des Kleinkredits 100 Millionen Dollar bereit. Die frühere Weltbank-Direktorin Maritta von Bieberstein Koch-Weser will mit »Global Exchange for Social Investment« weitere neue Wege finden, wie aus wirtschaftlichen Aktivitäten kontinuierlich fließende Geldströme für Sozialunternehmer gewonnen werden können. Auch für sie ist dabei das Erfolgsprojekt von Muhammad Yunus das beste Beispiel.

Zum erfolgreichsten Verfechter der finanziellen Förderung von Kleinkreditprojekten avanciert derzeit ein bereits erwähnter alter Freund von Yunus: Ex-Präsident Bill Clinton. Beide trafen sich erstmals 1986 in Washington, als Clinton sich zu einer Konferenz von Gouverneuren dort aufhielt. Er selbst war damals Gouverneur von Arkansas und fragte Yunus ganz direkt: »Kann man das Konzept auf Arkansas übertragen?« Yunus bejahte, und als Clinton ihn bat, selbst ein Projekt in die Wege zu leiten, sagte er zu. Seither haben sich Hillary und Bill Clinton in vielfältiger Weise für die Kleinkreditidee eingesetzt.

Als Bill Clinton 2005 seine Entwicklungshilfeorganisation »Clinton Global Initiative« gründete, beschloss er, sich auf vier Ziele zu konzentrieren: die Überwindung weltweiter

Armut, den Stopp der globalen Erwärmung, die Überwindung von AIDS sowie die Förderung des Friedens zwischen den Kulturen und Religionen. Für die Überwindung der Armut setzt Clinton in erster Linie auf die Kleinkreditbewegung und lud Yunus deshalb zur ersten Konferenz seiner Initiative im September 2005 nach New York ein. An den jährlichen Treffen der »Clinton Global Initiative« dürfen nur Menschen teilnehmen, die sich klar zu ihrem persönlichen Einsatz für die Ziele der Organisation bekennen. Aus dem Stand gewann Clinton einflussreiche Menschen aus Wirtschaft und Politik. Im ersten Jahr sagten die Teilnehmer 2,4 Milliarden Dollar zu, im zweiten Jahr 7,2 Milliarden, um entsprechende Projekte zu fördern. Auch für Kleinkreditprojekte gab es einen regelrechten Geldregen. Das wichtigste Ergebnis des Engagements von Clinton ist jedoch, dass nunmehr in den wohlhabendsten Kreisen der Welt über die Beendigung der Armut durch Kleinkreditprojekte gesprochen wird.

Im September 2006 rief Clinton bei einer Wirtschaftskonferenz der privaten Hochschule BITS in Iserlohn die deutschen Unternehmen auf, hier eine ähnliche Initiative zu starten. Das »Global Economic Network« (GEN) griff dies auf und beschloss, im Juni 2007 in Berlin erstmals den Vision Summit zu veranstalten, bei dem zehn besonders innovative und zugleich praxisnahe Zukunftskonzepte präsentiert wurden, darunter die Kleinkreditkonzeption durch Muhammad Yunus.

Der neue Boom der Kleinkreditidee ruft selbstverständlich auch neue und alte Kritiker auf den Plan. Wenn die Kritik richtig kanalisiert wird, entstehen daraus sehr sinnvolle Einrichtungen, wie beispielsweise die erste Rating-Agentur MicroRate in Washington, die die finanziellen Eckdaten und die Kreditwürdigkeit von Kleinkreditbanken prüft. Bis heute hat ein nicht unerheblicher Teil der Kritik jedoch noch immer mit den großen Missverständnissen zwischen klassischer Entwicklungshilfe und Sozialunternehmertum zu tun. Wichtig ist und bleibt, den Hauptfokus auf die Entwicklung von Kleinkreditprojekten für die Allerärmsten zu richten. Hier ist Yunus ein ausgesprochen engagierter und inzwischen auch von vielen seiner ehemals schärfsten Kritikern sehr geachteter Anwalt der Ärmsten.

Microcredit Investment bleibt bei aller Professionalisierung ein schwieriges Betätigungsfeld. Wer Kleinkredite vergeben will, kann dies nur erfolgreich tun, wenn er bürokratische Hürden beseitigt und für gänzlich andere Formen von Sicherheiten sorgt. Die Erfahrung hat gezeigt, dass Kleinkreditsysteme und Kleinunternehmen weniger von nationalen und internationalen Wirtschaftskrisen betroffen sind. Auch dies ist eine Form von Sicherheit.

Doch die Lernprozesse im Umgang mit dieser neuen Businesswelt sind noch lange nicht abgeschlossen. Der weltweite Boom der globalen Mikrofinanzszene nach der Verleihung des Friedensnobelpreises an Muhammad Yunus hat auch einige neoliberale Finanzhaie auf dieses Parkett gelockt. So verlangt das Mikrofinanzunternehmen Compartamos in Mexiko nicht weniger als 80 Prozent Zinsen von seinen Kunden, um den Investoren eine Rendite von 30 Prozent zu ermöglichen. Dies hat nichts mehr mit der Idee von Yunus zu tun, sondern ist deren komplette Pervertierung. Scharfe Kritik an dieserart Fehlentwicklungen ist geboten und wird hoffentlich schnell dazu führen, dass diesen neuen Kapitalisten, die ihren Reichtum auf den Schultern der Armen aufbauen wollen, das Handwerk gelegt und diese Art von Ausbeutung ein für alle Mal verboten wird.

## 5. Nachahmung wünschenswert
### *Indien, Nepal, Tansania –*
### *wie Grameen funktioniert und warum*

Muhammad Yunus trennt das Ziel, seine Idee weltweit zu verbreiten, sehr klar von dem Nachweis, dass seine Projekte auch wirtschaftlich sinnvoll sind. Mit seiner Grameen Bank beweist er seit 1995 konsequent und erfolgreich, dass »Banking for the Poor« unter rein wirtschaftlichen Gesichtspunkten funktionieren kann. Um dieses Ziel der Ausweitung wirkungsvoller verfolgen zu können, lagerte Yunus seine Idee konsequent in eine eigene gemeinnützige Einrichtung aus: den Grameen Trust. Der Grameen Trust erhält Zuwendungen von Stiftungen, internationalen Organisationen und Privatpersonen. Er setzt diese Gelder ein, um Kleinkreditsystemen in neuen Regionen Bangladeschs und in anderen Ländern in der Anfangsphase die nötige Starthilfe zu geben.

Der Grameen Trust, den Yunus 1989 dank großzügiger Anschubfinanzierungen durch die MacArthur-Stiftung sowie die Rockefeller Foundation gründen konnte, bildet Menschen aus, die sich für die Arbeit mit Kleinkrediten interessieren: Dies geschieht sowohl durch Trainingsprogramme in Bangladesch als auch durch Dialogprogramme aus der Distanz. Die ausgebildeten Kleinkreditbanker werden so in die Lage versetzt, eigene Kleinkreditprojekte zu gründen, wo und wie immer sie wollen. Bis Ende Oktober 2006 unterstützte der Grameen Trust insgesamt bereits 149 solcher Replikationsprojekte in 39 Ländern. Wo der Grameen Trust ein Kleinkreditprojekt finanziell unterstützen soll, achtet er sehr darauf, dass die Ziele klar definiert sind. Außerdem muss sichergestellt sein, wann und wie das Projekt finanziell unabhängig werden soll.

## Indien – Kleinkredite funktionieren überall

Die Grameen Bank Uttar Pradesh ist ein Musterbeispiel dafür, wie der Grameen-Trust neue Projekte in ihrer Startphase unterstützt.

Die Idee, in Uttar Pradesh, dem mit über 170 Millionen Einwohnern bevölkerungsreichsten Bundesstaat Indiens an der Grenze zu Nepal, eine Grameen Bank zu gründen, hatte David Gibbons, ein ehemaliger kanadischer Universitätsprofessor, der schon frühzeitig auf die Arbeit von Yunus aufmerksam geworden war und beschlossen hatte, sein Leben ganz in den Dienst dieser Idee zu stellen.

Gibbons hatte zuvor bereits in Malaysia sehr erfolgreich ein Projekt von Grameen aufgebaut und gilt als einer der international angesehensten Wissenschaftler in der Forschung über Kleinkredite. Nun hatte er die Idee, man könne der noch immer großen Schar von Skeptikern am besten dadurch begegnen, dass man sich für das nächste Projekt eine Region aussuche, in der die Startvoraussetzungen ganz besonders schwierig seien. Ein Erfolg würde alle Skeptiker widerlegen und wäre der beste Beweis für die Haltlosigkeit der Bedenken. Dass die Lage in Uttar Pradesh und dort im Distrikt Mirzapur geradezu katastrophal war, war unter Entwicklungsexperten kein Geheimnis. Die Region stand in Sachen Korruption, schlechte Infrastruktur, mangelnder Leistungswille und vergebliche Entwicklungsbemühungen fraglos auf Platz eins.

In Mirzapur lebt etwa zwei Drittel der Bevölkerung unterhalb der offiziellen Armutsgrenze, während es landesweit etwa ein Drittel sind. In den etwa 100 000 besonders armen Haushalten dieser Region leben etwa eine halbe Million Menschen. Kinderarbeit ist hier an der Tagesordnung, da die Familien anders nicht überleben können. Selbst Schuldknechtschaft, eine moderne Variante von Sklaverei, ist nicht selten. Und gerade in Mirzapur funktioniert auch das Kastenwesen noch in seiner brutalsten Form und macht den Unberührbaren und den Angehörigen sonstiger »niedriger Kasten« das Leben kaum erträglich. Diese arbeiten als besitzlose Landarbeiter für die Gutsbesitzer und Großbauern, die zugleich die Herren über die lokale Politik sind und es sehr gut verstehen, sich über Gesetz und Ordnung hinwegzusetzen. Der Staat ist in Mirzapur nicht existent, Schutz für die Armen gibt es nicht. Und genau an diesem Ort sollte das nächste Grameen-Projekt entstehen.

Es war geplant, dass dieses Projekt sich nach seinem Start im Jahr 1997 innerhalb von spätestens fünf Jahren bis zur vollständigen finanziellen Unabhängigkeit entwickelt haben sollte. Aus den Erfahrungen der vorherigen Jahre ergab sich zwar, dass dies sehr oft schon nach drei Jahren erreicht war, aber angesichts des öffentlichen Erfolgsdrucks wollte man lieber vorsichtig planen.

Sechs Zweigstellen und ein Koordinationsbüro sollten zum Ende des ersten Jahres als Ausgangsbasis dienen. Nach vier Jahren sollten 9000, nach fünf Jahren 18 000 arme Familien Kleinkredite erhalten haben. Man ging davon aus, dass das Projekt sich dann auf dieser Grundlage flächendeckend ausbreiten und selbst tragen würde. Gibbons kalkulierte, dass jeder dieser Haushalte bis dahin im Durchschnitt knapp 500 Dollar erhalten haben sollte. Den Zahlen internationaler Studien in asiatischen Ländern zufolge liegt die Relation zwischen der Höhe des Kredits und der letztlich erzielten Einkommenssteigerung bei 1:5. Für die Kreditnehmer der Grameen Bank Uttar Pradesh in Mirzapur sollte die Einkommenssteigerung nach fünf Jahren also bei knapp 2500 Dollar liegen, was für einen Großteil von ihnen den Ausweg aus der Armut bedeuten würde. Die erforderlichen Startinvestitionen errechnete Gibbons auf etwa 300 000 Dollar. Mit einem Kleinkredit von im Durchschnitt weniger als 17 Dollar pro Kreditnehmer sollte diesen Menschen der Ausstieg aus dem Teufelskreis der Armut ermöglicht werden. Alle Erweiterungen sollten sich anschließend aus dem dann etablierten Kleinkreditsystem selbst finanzieren.

Bis September 1999, zwei Jahre nach dem Start der Grameen Bank Uttar Pradesh, waren über 3000 Kredite vergeben worden und mehr als 4000 Frauen waren Mitglieder in den Spargruppen geworden. Die Rückzahlungsquote lag bei 95 Prozent. Bis zu diesem Zeitpunkt hatte das Projekt seine Zwischenziele noch nicht ganz erreicht. Inzwischen hat es diese jedoch bei Weitem übertroffen: CASHPOR, wie die Einrichtung unter der Leitung von Gibbons inzwischen heißt, hat seine Klientenzahl bis Ende 2011 auf 430 000 Kreditnehmerinnen ausweiten können, die insgesamt weit mehr als 100 Millionen Dollar an Kleinkrediten erhielten. Bereits im Jahr 2000 konnte die Grameen Foundation ihre Zahlungen auf normale Darlehen umstellen und brauchte an CASHPOR keine »verlorenen Zuschüsse« mehr zu geben.

Ende 2005 stellte der Gründer von Sun Microsystems, Vinod Khosla, gemeinsam mit der Grameen Foundation 500000 Dollar als Darlehen zur Verfügung, um das Kleinkreditsystem in Uttar Pradesh und dem Nachbarstaat Bihar auf über eine halbe Million Kreditnehmerinnen ausbauen zu können, was in Kürze erreicht sein wird.

Das Experiment von Gibbons hätte kaum besser verlaufen können. Es erbrachte gleich drei sensationelle Ergebnisse:

- Niemand in der Welt kann länger widerlegen, dass das Konzept von Kleinkrediten für die Ärmsten selbst unter sehr schwierigen Startbedingungen funktionieren kann!
- Wenn andere Kleinkreditprojekte nicht oder nicht so gut funktionieren, so liegt es nicht an den schlechten Rahmenbedingungen, sondern an identifizierbaren und behebbaren Fehlern in der Konzeption oder Umsetzung des Projektes.
- Der Einstieg von Vinod Khosla als Investor – und nicht als Sponsor – in das Grameen-Bankprojekt in Uttar Pradesh zeigt, dass die gewachsene Erfahrungswelt von Grameen-Projekten selbst für kommerzielle Anleger reizvoll ist.

Da sich der letztgenannte Erfahrungswert inzwischen bestätigt hat, ist es nur noch eine vergleichsweise einfache Planungsaufgabe, auszurechnen, wie viel Geld zur Startfinanzierung von Kleinkreditprojekten erforderlich ist. Rein theoretisch können damit in nicht weniger als fünf Jahren in restlos allen Armutsregionen der Welt funktionierende Kleinkreditinstitutionen eingesetzt werden, die nach ihrer Anlaufphase so attraktiv sein werden, dass der verbleibende Finanzbedarf durch Investoren gedeckt werden kann.

## Nepal – mit dem »Women's Empowerment Program« das Einkommen steigern

Beim zweiten Beispiel für ein erfolgreiches Pilotprojekt, bei dem Kleinkredite eine wesentliche Rolle spielten, war Grameen nur wenig beteiligt. Die Projektinitiatoren nutzten zwar das Know-how von Grameen, passten es jedoch in ein ganz eigenes Entwicklungskonzept ein.

Das »Women's Empowerment Program«, kurz WEP,

wurde von der in Washington D.C. ansässigen Nichtregierungsorganisation »Pact« ins Leben gerufen und koordiniert. Nach der erfolgreichen Pilotphase von 1998 bis 2001 in Nepal wurden die dort gesammelten Erfahrungen unter dem Namen WORTH nach Afrika getragen. Auch dieses Projekt wird dort erfolgreich weitergeführt. Ohne den vielfältigen Erfahrungsschatz von Muhammad Yunus wäre diese Erfolgsgeschichte nicht möglich gewesen.

Jeffrey Ashe, ein internationaler Mikrofinanzberater, der das WEP-Projekt untersucht hatte, meinte: »Es gibt in der Welt kaum ein Programm, das so groß ist, und gewiss keines, das sich so schnell ausgebreitet hat.« Nach der dreijährigen Pilotphase konnte das Projekt mit 125000 Teilnehmerinnen folgende Erfolge verbuchen: Die Alphabetisierungsrate unter den teilnehmenden Frauen stieg von 30 auf 94 Prozent. 67000 Frauen wurden mit eigenen kleinen Geschäften zu Existenzgründerinnen. Ihr Einkommen steigerte sich dabei in drei Jahren um das Achtfache, von 1,2 Millionen auf über 10 Millionen Dollar. Kaum ein anderes vergleichbar großes Entwicklungsprojekt in der Welt hat wohl jemals eine so schnelle Steigerung des Einkommens erreicht. Die Teilnehmerinnen gründeten über 1000 eigene Dorfbanken, in denen sie aus ihrer Geschäftstätigkeit im Projektzeitraum insgesamt mehr als 1,5 Mio. Dollar sparten und damit Kleinkredite an ihre Dorfmitbewohner ausgaben. Außerdem führten sie mehr als 40 000 kleine soziale Projekte in ihren Dörfern durch.

»Dorfbanken gibt es in der ganzen Welt in über hundert Ländern«, schrieb die selbstständige Kleinkreditexpertin Cheryl Lassen, die bei der Entwicklung der Arbeitsbücher von WEP geholfen hat, in einem Bericht. »WEP zeichnet sich dadurch aus, dass es zusätzlich Fähigkeiten trainiert. Die Konzeption der Unternehmensführung zieht sich durch alle

Trainingsbücher, ebenso wie die Vorstellung, dass nicht nur das Sparkapital, sondern die ganze Dorfbank wachsen kann. Der wohl entscheidende Schlüssel zum Erfolg war, dass in den teilnehmenden Dörfern Projekte nicht von außen gefördert wurden, sondern Trainingsprogramme durchgeführt wurden, die die Einheimischen darauf vorbereiteten, eigenständig Projekte aufzubauen. Die Teilnehmerinnen lernten, welche Voraussetzungen nötig sind, um selbstständig Projekte zu initiieren und diese erfolgreich durchzuführen. Begleitend zu einem Alphabetisierungsprogramm nahmen sie in Teamarbeit interaktive Lehrbücher durch, die ihnen die notwendigen Fähigkeiten zur Gründung von Miniunternehmen und eigenen Dorfbanken vermittelten. Sie lernten außerdem, wie sie ihre sozialen Rechte wahrnehmen und die eigenen sozialen Probleme managen können.

Frühere Entwicklungsansätze folgten dem Gedanken, eigene »vorbildliche« Projekte ins Leben zu rufen, die sich dann ausweiten beziehungsweise multiplizieren sollten. Die Träger solcher Projekte kamen von außen und suchten sich in der Regel eine »Projekt-Elite« aus der jeweiligen Kommune. Diese Art von Entwicklung erzeugte jedoch folgende gesellschaftliche Konstellation: Eine überlegene Elite sagt, wo es langgeht, und behält damit den Vorsprung an Einfluss und Wissen. Dies führte nicht selten dazu, dass die Einheimischen in noch größere Abhängigkeit gerieten.

Die im Wesentlichen von den ECTA (Education Curriculum and Training Associates), einer nepalesischen NRO, entwickelten Trainingsbücher folgten hingegen konsequent dem Leitgedanken: Alle Projektteilnehmer sollen Fähigkeiten entwickeln, um ihr Leben möglichst eigenständig meistern zu können. Und auf dieser Grundlage sollen sie lernen, gleichberechtigt und erfolgreich in Teams zu kooperieren. Da dieser Bildungsansatz auf interaktiven Trainingsbüchern basiert, entsteht ferner ein Schneeballeffekt: Wer eine Schulung erfolgreich absolviert hat, kann selbst Trainer werden. Man hilft sich gegenseitig, um das neue Wissen schnellstmöglich weiterzuvermitteln und anzuwenden. Im WEP gibt es keine bezahlten Lehrer von außen. Hier sind die teilnehmenden Frauen selbstständige Gestalterinnen und Multiplikatoren.

Das WEP-Projekt im südlichen Nepal belegt das immense Erfolgspotential eines solchen grundlegend neuen Entwicklungsansatzes. Es vermittelt den Menschen die Fähigkeiten, die sie zur eigenständigen Lebensbewältigung brauchen. Ein grundlegendes Arbeitsbuch im WEP-Projekt trägt den Titel »Wir gründen unsere Dorfbank«. WEP unterscheidet sich von herkömmlichen Sparvereinen nämlich dadurch, dass die Teilnehmer in allen wesentlichen Einzelheiten des Bankwesens unterwiesen werden. Die Gruppe lernt Buchführung und die Hilfsmittel, die Banken überall benutzen, von einfachen Sparbüchern bis zum Buchhaltungshauptbuch. Die Frauen lernen Methoden des Personalwesens, so z. B. das Auswahlverfahren für die Geschäftsleitung. Andere vom Programm zur Verfügung gestellten Arbeitsbücher bringen den Frauen bei, wie man Kredite vergibt und abzahlt und wie man kleine Firmen gründet.

Der Aufbau eines Kleinkreditsystems im Rahmen des WEP-Projektes war nach Meinung von Entwicklungsexperten so erfolgreich wie kein anderes Kleinkreditprogramm zuvor. Da man mit einem Sparprogramm begann, entstand das Kleinkreditsystem hier zudem völlig unabhängig von Zuschüssen oder Startfinanzierungen von außen. Deshalb gehören die gut 1000 im Rahmen gegründeten Dorfbanken auch zu 100 Prozent den beteiligten Dorfbewohnern – niemand sonst mischt sich in ihre Überlegungen darüber ein, wie sie das Wohl von Familie und Kommune sicherstellen wollen.

»Wir haben unsere Zahlen genau durchgerechnet und ich meine, dieses Programm ist wesentlich kostengünstiger als normale Kleinkreditprogramme von NRO«, meint Marcia Odell, die seinerzeit Pact und das WEP in Nepal leitete. »Das ganze Programm bietet Frauen Hilfe zur Selbsthilfe auf Gebieten an, die ihnen am Herzen liegen – vom Lesen und Schreiben über Projektmanagement bis zur Gründung von eigenen kleinen Unternehmen, um das Familieneinkommen zu verbessern. Kein anderes uns bekanntes Kleinkreditprogramm beginnt damit, seinen Teilnehmern Lesen und Schreiben beizubringen«, ergänzt Odell. »Und kein anderes arbeitet mit Freiwilligen, wobei Frauen anderen Frauen helfen.«

Besonders interessant ist, wofür die Frauen des WEP-Projekts die Kleinkredite vor allem einsetzen: Sie investieren zuerst in die Bildung ihrer Familienmitglieder, weil sie am eigenen Leibe erfahren haben, was dies bewirkt. Wie erfolgversprechend dies ist, belegen die sehr mäßigen Kosten, die durch die Teilnahme an allen fünf Programmbereichen entstehen: Ganze 25 Dollar pro Teilnehmerin reichten, um die genannten Ergebnisse zu erzielen.

Die Frauen des Projekts erkannten schnell auch den investiven Wert der Programme zur Nutzung ihrer sozialen Rechte und zur Organisation eigener sozialer Projekte. Das WEP-Projekt bot in den entsprechenden Arbeitsbüchern unter anderem Trainings zur Überwindung von häuslicher Gewalt an, von Alkoholmissbrauch, Mädchenhandel und Glücksspiel, zur Befreiung aus der Mitgift-Tradition und zum Aufbau von Gesundheitsprogrammen. Die Programme zur AIDS-Verhütung haben mehrfach Preise gewonnen. Die Teilnehmerinnen wurden ferner zu Anwältinnen der Menschenrechte und einer neuen Ethik sowie zu Entwicklungsmanagerinnen qualifiziert.

Die Trainingsbücher nutzen in starkem Maße einen neuen Ansatz in der Organisationsentwicklung. Mittels »anerkennender Fragen« wird die Aufmerksamkeit der Frauen auf das bereits Erreichte gerichtet. Wird die Planung und Durchführung ihrer Entwicklungsprojekte anerkannt und gewürdigt, hilft dies den Frauen, sich auf das Positive zu konzentrieren und nicht auf die Fehler, die natürlich auch entstehen. »Bei der heutigen Entwicklungsarbeit kommt es auf die Motivation an«, erklärt Keshab Thapaliya, ein Mitglied von ECTA, der sich von Anfang an stark bei WEP engagiert hat. »Dieses Verfahren ermutigt die Menschen, sodass sie sich von ihren Problemen nicht erdrückt fühlen.«

Entsprechend der Philosophie von Grameen erhielten die Teilnehmerinnen der WEP-Programme die Trainingsbücher nicht umsonst. Sie mussten einen kleinen Beitrag dafür bezahlen. So war das gesamte Programm für sie kein Geschenk, sondern eine persönliche Investition.

Mit den Erfahrungen des WEP-Projektes kann man nunmehr ähnliche Programme überall auf der Welt konzipieren und umsetzen – und, zumindest rein rechnerisch, mit rund 25 Milliarden Dollar eine Milliarde Menschen erreichen. Und man kann weitere Trainingsmodule für hilfreiche und angepasste Innovationen entwickeln, z. B. für den Einsatz von regenerativen Energieformen. Auch dank des Erfolgs des WEP-Projektes kann niemand mehr sagen, die Überwindung der Armut in der Welt sei unmöglich oder nicht organisierbar oder nicht finanzierbar.

Während das Grameen-Modell in einer Reihe anderer asiatischer Länder ebenfalls erfolgreich war, stellten sich die ersten Übertragungsversuche in andere Kontinente, insbesondere nach Afrika, als deutlich problematischer heraus. Schnell führte man die besonderen Rahmenbedingungen in Asien als Erklärungsmuster an. Die Asiaten seien kulturbedingt die besseren Kaufleute. Außerdem lebten sie in den meisten Regionen dichter beieinander, was das Funktionieren von Kleinkreditteams und von wirtschaftlicher Tätigkeit insgesamt erleichtere. Zwar konnte das Grameen-Modell selbst in einem zugegebenermaßen höchst schwierigen Umfeld wie Uttar Pradesh in Indien greifen. In Afrika sei die überwiegende Zahl der Armen jedoch nicht kreditwürdig, weil sie es nicht gewohnt seien, geliehenes Geld zurückzuzahlen. Dies waren nur einige der Argumente.

Inzwischen zeigen viele erfolgreiche Projekte, dass Kleinkreditsysteme auch in Afrika funktionieren können. Das Projekt PRIDE in Tansania ist eines davon. Tansania gehört zu den ärmsten Ländern der Welt. Auch im innerafrikanischen Vergleich rangiert es in allen Bereichen auf den letzten Plätzen. Außerdem kommt erschwerend hinzu, dass in der Vergangenheit viele Hilfsaktivitäten durch Missmanagement und Korruption praktisch wirkungslos verpufft sind und dass dadurch das Vertrauen der Bevölkerung in Institutionen erschüttert worden ist.

Trotz oder gerade wegen dieses Umfeldes sah man sich schon 1993 dazu veranlasst, »Promotion of Rural Initiative and Development Enterprises«, kurz PRIDE Tansania, zu gründen. Auch im Falle von PRIDE war Grameen zwar nicht direkt involviert, doch als Vorbild ein wichtiger Wegbereiter. Mit inhaltlicher Unterstützung durch die afrikanische Dachorganisation von PRIDE aus Kenia konnte PRIDE Tansania schon nach zwei Jahren die Pilotphase abschließen und in die Erweiterungsphase eintreten. Heute ist PRIDE in allen Regionen Tansanias vertreten und erreicht 100 000 Kunden mit einem Gesamtkreditvolumen von fast 25 Millionen Dollar. Damit ist PRIDE die erfolgreichste Kleinkreditorganisation in Tansania.

Fragt man den Geschäftsführer von PRIDE, James Obama, wie es möglich ist, dass ein Kleinkreditsystem auch in Afrika erfolgreich sein kann, ist die Antwort recht nüchtern: Der Bedarf sei hier schlicht genauso vorhanden wie in anderen Ländern. Die Frage sei lediglich, wie man seine Konzepte und Aktivitäten an die Situation anpasst. Selbstverständlich gebe es in jeder Region dieser Welt unterschiedliche Bedingungen, so auch in Tansania. Mit PRIDE Afrika habe man einen erfahrenen Partner gehabt, mit dem die richtigen Anpassungen vorgenommen werden konnten. Stolz berichtet Obama, dass PRIDE Tansania seit 2001 unabhängig von Hilfsgeldern operieren kann und daher unternehmerisch auf eigenen Beinen steht. Auf dieser Grundlage habe man sich nun das Ziel gesteckt, mittelfristig über 200 000 Kunden zu erreichen.

Angesprochen auf die besonderen Erfolgsfaktoren des Modells von PRIDE Tansania nannte Obama zuallererst das starke Zusammengehörigkeitsgefühl. Dies fängt bei den Kunden an und reicht bis in die Unternehmensführung. Dabei sei es selbstverständlich, dass der Vorstand durch das Land reist, Filialen und Kunden besucht und sich ein Bild von der Situation verschafft. Darüber hinaus seien dieselben typischen Merkmale erfolgsentscheidend, die auch schon Grameen auszeichnen. Es werden immer Gruppen von fünf Kunden gebildet, die dann drei Jahre lang für einen Kredit bürgen. Die Kredite werden ferner gestaffelt vergeben, mit Beträgen zwischen 30 Dollar und 3000 Dollar, je nach Entwicklung der Geschäftstätigkeit. Wie auch bei Grameen wird seitens der Bank kein Einfluss auf die Geschäftsidee genommen. Trotzdem ist ein Training für die Kunden die Voraussetzung, um einen Kredit bekommen zu können. Ein wesentlicher Punkt des Trainings besteht darin, zu lernen, welche Bedeutung die Rückzahlung des Kredits hat. James Obama schildert dies so: »Wenn Sie auf eine Kultur treffen, in der die Menschen entweder kein Vertrauen mehr zu Institutionen haben oder es gewohnt sind, Kredite nicht zurückzuzahlen, dann müssen Sie es ihnen wieder neu beibringen. Dies funktioniert aber nur, wenn die Kreditnehmer damit eine neue Chance für sich verknüpfen können, so z. B. die Möglichkeit, mit dem Kredit zusätzliches Einkommen zu erwirtschaften oder einen weiteren, größeren Kredit zu erwerben.«

Diese Logik scheint für die Armen Tansanias so überzeugend zu sein, dass PRIDE inzwischen eine Rückzahlungsquote von 99 Prozent erreicht. Auch bei PRIDE bestätigte sich, dass Frauen die zuverlässigeren Rückzahler sind.

Während PRIDE in der Startphase noch von Geldgebern abhängig war, um eine Grundinfrastruktur aufbauen zu können, führt der Erfolg inzwischen dazu, dass Investoren aus dem In- und Ausland Geld zur Verfügung stellen, um die Erweiterung von PRIDE zu finanzieren. Die Chancen sieht Obama dabei nicht einfach nur in der weiteren Ausbreitung und dem Gewinn neuer Kunden, sondern ebenso auch in der Möglichkeit, neue Finanzprodukte anzubieten. Eine wichtige Besonderheit in Afrika seien dabei die Sparprogramme. In Afrika war es gerade für die Armen und Ärmsten bisher fast unmöglich, das wenige Geld, das sie zur Seite legen konnten, irgendwo sicher anzulegen. Aus diesem Grund wird PRIDE derzeit in eine formale Bank umgewandelt, die ihren Kunden ganz neue Sparmöglichkeiten bietet.

Wie erfolgreich Kleinkreditsysteme selbst in Tansania

funktionieren und welchen Fortschritt es für die Klienten bringt, hat sich längst herumgesprochen. Vier große Kleinkreditinstitutionen konkurrieren mittlerweile darum, die meisten Kunden zu erreichen. Dennoch sind in Tansania bisher erst fünf Prozent der potentiellen Zielgruppe Kleinkreditnehmer. Man geht von über acht Millionen Kleinstunternehmern aus, die bereits existieren und im informellen Sektor arbeiten, eine Zahl, die jährlich um vier Prozent wächst und bisher gut 60 Prozent der wirtschaftlich aktiven Bevölkerung ausmacht. Auch Afrika braucht die weitere Ausweitung von Kleinkreditbanken, und es hat inzwischen bereits viele funktionierende Modelle und Anpassungen vorzuweisen.

## Wo es noch nicht funktioniert und warum

Der Versuch, die Grameen-Ideen an möglichst vielen Orten der Welt durch erfolgreiche Nachahmungsprojekte umzusetzen, gelingt freilich nicht immer. Ein Teil der Ursachen wurde bereits in Kapitel drei erläutert. Besondere Hürden bestehen vor allem in Industrieländern. Auch dort gibt es prinzipiell einen ausreichend großen Bedarf für Kleinkredite, denn dort wächst seit Mitte der 1990er Jahre die Zahl der Armen wieder. Nachahmerprojekte von Washington D.C. über Paris bis in die skandinavischen Länder erwiesen sich auch in den Wohlstandszentren als erfolgreich. Das erfolgreichste Projekt dieser Art startete Grameen 2008 selbst in New York mit der Gründung von »Grameen America«. Bis 2011 wuchs die Zahl der dortigen Kreditnehmerinnen auf über 7000. Auch hier erreichte Grameen eine Rückzahlungsquote von 99 Prozent. Alle wesentlichen Erfahrungswerte wurden 1:1 aus Bangladesch auf die USA übertragen: Kredite nur an die Allerärmsten und fast nur an Frauen, Kreditteams von jeweils fünf Personen u.s.w.

Als das Haupthindernis für den Start von Kleinkreditprojekten in Industrieländern erwies sich, wohl wenig überraschend, die Zähigkeit der Bürokratie. Wenn man von Sozialhilfeempfängern verlangt, dass sie bei jedem noch so kleinen Geschäft zuerst genauso viele bürokratische Hürden an Genehmigungen, Anmeldungen, Überprüfungen usw. überspringen müssen wie Unternehmensgründer, die über sechs- oder siebenstelliges Startkapital verfügen, so beeinträchtigt dies den Impuls, ein Miniunternehmen zu gründen, stark. Und wenn die Gründung eines Minigeschäfts gleich zu Beginn von allerlei Hindernissen gehemmt wird, ist die Motivation verständlicherweise begrenzt.

Auch in Deutschland wurde bereits von verschiedenen Seiten versucht, Kleinkreditprojekte ins Leben zu rufen. Die bürokratischen Schwierigkeiten erwiesen sich aber vielfach als unüberwindbar. Der Berliner Ökonom Günter Faltin schlägt daher vor, das Gros der Existenzgründer in Deutschland für einen befristeten Zeitraum von nahezu allen Bestimmungen einschließlich der Zahlung von Steuern völlig zu befreien. Maßnahmen dieser Art wären notwendig, um auch in Mitteleuropa den vielen positiven Effekten von Kleinkrediten den erforderlichen Raum zu geben.

Ein bedeutender Durchbruch in diese Richtung gelang der GLS-Bank im September 2006 mit dem Auflegen eines Mikrofinanzfonds, an dem die KfW-Bankengruppe, das Wirtschafts- und das Arbeitsministerium beteiligt sind. Diesem ging im Jahr 2004 die Etablierung des Deutschen Mikrofinanz-Instituts voraus. Die GLS-Bank arbeitet bereits seit Mitte der 1990er Jahre mit erstaunlicher Zähigkeit daran, bürokratische Innovationshindernisse systematisch abzubauen.

# 6. Neue Ideen
*Die Grameen-Unternehmensfamilie*

»Wenn Kinder abends ihre Hausaufgaben machen können, kann allein das schon das Leben einer ganzen Familie verändern«, äußerte Yunus Anfang der 90er Jahre einem Journalisten gegenüber. Doch Yunus wäre nicht Yunus, wenn er aus dieser schlichten Erkenntnis nicht weitreichende Schlussfolgerungen gezogen hätte. Er wusste um die Schwierigkeiten, die die Einführung moderner Technologie in Entwicklungsländern mit sich bringt. Dies geschieht immer in der Hoffnung auf Entwicklungswunder, doch allzu oft verrottet die importierte Technik in wenigen Monaten, weil sie von den Menschen nicht genutzt werden kann oder nicht angenommen wird. Teilweise macht sie auch nur wenige ohnehin schon Wohlhabende reicher, die nun über noch bessere Ausbeutungsinstrumente verfügen.

Muhammad Yunus blieb seinem Grundansatz treu und sorgte dafür, dass die Armen und Ärmsten selbst Zugang zu moderner Technologie erhielten, denn nur so entsteht eine höchst aktive und zugleich nachhaltige Beziehung zu dieser Technik.

Ab Mitte der 90er Jahre setzte Yunus zusätzlich eine massive Entwicklung in den Bereichen Infrastruktur und Dienstleistung in Gang. Doch anstatt sich beim Staat darüber zu beklagen, dass dieser den nötigen Infrastrukturaufbau ausgerechnet bei den Ärmsten völlig vernachlässigt hatte, füllte er dieses Vakuum mit eigener unternehmerischer Kreativität.

## Telekommunikation mobil:
## Grameen Phone und »Grameen Telecom«

Im Jahr 1995 kaufte die Grameen Bank gemeinsam mit privaten Investoren ein ganzes Mobilfunknetz auf. Das daraus hervorgegangene neue Unternehmen Grameen Phone ist heute der größte Mobilfunkanbieter des Landes Bangladesch, mehr noch: das größte Unternehmen des Landes überhaupt und der größte Steuerzahler. Und über das Tochterunternehmen Grameen Telecom können sich Tausende von Frauen auf dem Lande mit der Vermietung von Telefonminuten über das Handy eine Existenz aufbauen. In Verbindung mit einem Kredit, der ihnen ein Geschäft mit dem Verkauf von Telefonminuten ermöglicht, gab Grameen Phone gut 460 000 Handys an Landfrauen aus. Dies hatte zur Folge, dass es heute in den meisten der Dörfer Bangladeschs Handys gibt.

Die Vermieterinnen von Telefonminuten bieten den 8,4 Millionen Kleinunternehmerinnen der Grameen Bank einen entscheidenden Service zur Verbesserung ihres Einkommens. Sie können sich nun selbst über die Marktpreise in den nächstgelegenen Marktorten informieren und besser Erkundigungen über neue potentielle Zulieferer und neue Märkte einholen. Ein eigenes Handy wäre für viele von ihnen noch zu teuer, aber über den Service von Grameen Telecom stehen ihnen tragbare Telefone zur Verfügung, für die sie nur bezahlen, wenn sie sie nutzen.

Inzwischen hat Grameen Phone mehr als 5000 eigene Mitarbeiter, weit mehr als 100 000 Arbeitsplätze sind durch die Nutzung seiner Serviceangebote entstanden. Heute nutzen mehr als 32 Millionen Bangladeschi die Dienstleistungen von Grameen Phone, wobei sich die Nutzerzahl seit 2002 beinahe vervierzigfacht hat.

Shakti bedeutet Energie. Bis heute haben 70 Prozent der Bevölkerung von Bangladesch keinen Zugang zu den Stromnetzwerken. Oft reicht das Geld nicht, sich auch nur für die elementarsten Dinge andere Energieformen zu leisten als ein offenes Feuer aus gesammeltem Holz. Und wenn es für andere Energie reicht, stehen meist nur die teuersten und umweltschädlichsten Quellen zur Verfügung, wie Kerosin oder Diesel. Nur wenige Menschen in der Welt sind sich der Tatsache bewusst, dass ausgerechnet die Ärmsten der Welt die höchsten Energiepreise bezahlen müssen.

Vor diesem Hintergrund kam Yunus – in Zusammenarbeit mit dem deutschen Solarpolitiker und Träger des Alternativen Nobelpreises Hermann Scheer – zu der klaren Erkenntnis: Erneuerbare und nachhaltige Energiequellen rechnen sich nirgendwo besser als in den Armutsregionen der Welt. Grameen Shakti wurde im Juni 1996 gegründet. Mit seinen Hunderten an Filialen, die über das gesamte Land verstreut sind, konnte Grameen Shakti bis Ende 2011 mehr als eine Million so genannte Solar Home Systems verkaufen und gehört damit weltweit zu den erfolgreichsten Unternehmen im Bereich ländlicher Energieversorgung. Solar Home Systems sind Photovoltaikanlagen, also Solarzellen, die von anderen Ressourcen unabhängig machen und im besten Sinne nachhaltig sind. Sobald das Solar Home System abbezahlt ist – zu Kreditkosten, die nicht höher sind als die bisherigen Energiekosten der Kreditnehmer –, steht den Nutzern die erneuerbare Energie für die gesamte Restlaufzeit des Systems kostenlos zur Verfügung. In der Regel dauert die Rückzahlung mit dem Modus »gleiche Kreditraten wie die bisherigen Energiekosten« drei Jahre. Die Anlagen halten jedoch im Durchschnitt acht Jahre. Inzwischen wurde ein Ausbildungsprogramm für 100 000 Solaringenieurinnen gestartet. Mit deren Betreuung halten die Anlagen auch mehr als 15 Jahre.

Der Zugang zu verlässlicher und bezahlbarer Energie hat selbstredend für die Ärmsten eine vergleichbare Bedeutung wie für uns in den Industrieländern. Energie treibt die Entwicklung rasant an: Sie schafft neue Einsatzmöglichkeiten für technische Hilfsmittel und die Option zur Entwicklung und zum Einsatz eigener, den jeweiligen Verhältnissen angepassten Technologien, sie ermöglicht längere und flexiblere Arbeit dank elektrischem Licht, flexibleres Lernen auch am Abend und vieles mehr.

Ein Ziel erreichten Grameen Shakti wie auch Grameen Telecom und einige der anderen Tochterunternehmen jedoch nicht auf Anhieb: mit den neuen Technologien sofort auch die Allerärmsten in vollem Umfang zu erreichen. Dies wird erst in einer zweiten Ausbauphase möglich sein, nachdem man die erforderlichen Erfahrungen mit der Zielgruppe der etwas weniger Armen gesammelt hat und die moderne Technologie an die Bedürfnisse und Lebensbedingungen der Ärmsten angepasst hat. Grameen Shakti hat es sich zum Ziel gesetzt, Kreditkonzepte auszuarbeiten, bei denen traditionelle Formen der Energiegewinnung praktisch ohne Kostenaufwand durch erneuerbare Energien wie Sonne, Wind und Biogas ersetzt werden können. Die neuen Energien stehen den Armen dann nahezu kostenlos zur Verfügung.

## Online in der Welt der virtuellen Möglichkeiten: Grameen Cybernet und Grameen Software

Selbstverständlich hat sich das indische Wirtschaftswunder von Bangalore, Hyderabad und anderen Metropolen westlich der Grenzen von Bangladesch auch bis in die Grameen-Welt hinein herumgesprochen. Der Zugang zur Welt der virtuellen Dienstleistungen wird technisch immer leichter und vorausschauende internationale Konzerne dieser Branche wie beispielsweise Cisco Systems haben längst erkannt, wo der größte für sie noch zu erschließende Zukunftsmarkt liegt: bei jener Hälfte der Menschheit, die heute noch von weniger als zwei Dollar pro Tag leben muss.

Die Potentiale, die in der Erschließung der Cyberwelt für die Ärmsten liegen, sind offensichtlich. Sobald sie online sind, können sie an digitalen Lernprogrammen teilnehmen, durch die sie sich wesentlich schneller und einfacher nützliches Wissen und nützliche Kompetenzen erwerben können. Sie erhalten Zugang zur Weltbibliothek Internet. Bei einem ländlichen Entwicklungsprojekt in Kolumbien zeigte sich ganz deutlich, was dies bedeutet: Nach relativ kurzer Einarbeitungszeit waren einige Menschen dort mindestens so gut über wichtige technische und sonstige Neuentwicklungen informiert wie ihre »Kollegen« in den Industrieländern. Sie konnten brauchbares Weltwissen sofort vor Ort abrufen und umsetzen. Und mit dem Zugang zur Internetwelt können sie schrittweise selbst teilhaben an den damit verbundenen neuen Marktmöglichkeiten sowohl der Nachfrage als auch des Angebots.

Natürlich geht all dies nicht über Nacht und nicht auf einmal. Doch mit Grameen Cybernet, das 2004 seine Arbeit aufnahm, und Grameen Software, das bereits seit 1999 tätig ist, erschließt Yunus den Ärmsten nun auch die moderne Informationstechnologie. Grameen Software passte bereits eine Fülle von Softwareprogrammen an die Bedürfnisse der Armen an. Gleichzeitig sucht das Unternehmen weltweit nach Kunden, für die virtuelle Dienstleistungen von Bangladesch aus erledigt werden können. Dadurch ist in Bangladesch bereits zumindest eine erste Grundlage geschaffen worden für einen ähnlichen Aufschwung wie in Indien. Die ersten großen Kunden in den USA arbeiten bereits erfolgreich mit Grameen Software zusammen.

Der Einstieg in die virtuelle Welt schafft auch für ein anderes Grameen-Unternehmen neue Entfaltungsmöglichkeiten. Das 1997 ins Leben gerufene und bereits erwähnte Bildungsunternehmen Grameen Shikkha – »Shikkha« bedeutet Ausbildung – entwickelt Techniken für eine effiziente Bildung in den ländlichen Regionen Bangladeschs. Sein Ziel ist die schnelle Überwindung des noch immer weit verbreiteten Analphabetismus, aber auch die flexible und zugleich sehr systematische Bildung und Weiterbildung für die Armen und Ärmsten des Landes. Durch den zunehmenden Erfolg von Grameen Cybernet und Grameen Software eröffnen sich für Grameen Shikkha völlig neue Optionen.

## Exportorientiert: Grameen Knitwear

Die Basis jeder wirtschaftlichen Entwicklung ist und bleibt auch im Zeitalter der Globalisierung eine gesunde Binnenwirtschaft. Die Armen und Ärmsten als selbstständige Unternehmer in diese zu integrieren, das ist Yunus mit seiner Grameen Bank und einer wachsenden Zahl von Infrastruktur- und Dienstleistungsunternehmen gelungen. Von dieser Grundlage aus macht es jedoch auch Sinn, Anschluss an die globalen Märkte zu finden.

Das erste Unternehmen in der Grameen-Familie, das rein exportorientiert arbeitet, ist der Textilhersteller Grameen Knitwear, der 1997 gegründet wurde und bereits seit 1999 profitabel wirtschaftet. Dieses Unternehmen strebt jedoch nicht an, sich auf dem Weltmarkt einen Platz mit Billigprodukten zu erobern. Grameen Knitwear produziert Qualität, orientiert sich an Exzellenz und beweist, dass man auch damit als Produzent in einem sogenannten Drittweltland einen Platz im Weltmarkt finden kann. Die bei Grameen Knitwear eingesetzten Maschinen sind auf internationalem Spitzenniveau. Eine weitere Besonderheit dieses Unternehmens: Es gehört mehreren weiteren Grameen-Organisationen, die sich Aufgaben im Non-Profit-Bereich gestellt haben, und trägt dadurch zu deren Finanzierung bei.

## Vom Baudarlehen bis zu Versicherungen

Schließlich bleibt noch ein weiterer Bereich, in dem die Grameen Bank und die Familie der anderen Grameen-Unternehmen finanztechnische Instrumente zu einer besseren Lebensgestaltung der Armen entwickelt: der Bereich längerfristiger Absicherungen des eigenen Lebens und des Lebens der eigenen Familie.

Die Grameen Bank begann schon recht kurze Zeit nach ihrer Gründung mit der Finanzierung von Baudarlehen. Im ersten Jahr, 1984, wurden 317 Baudarlehen gewährt. Bis heute sind es insgesamt mehr als 690 000. Gerade in einem katastrophengeschüttelten Land wie Bangladesch ist es eine elementare Notwendigkeit, sich dagegen abzusichern, dass man nicht nach jeder Flut wieder bei Null beginnen muss, weil das eigene Haus weggeschwemmt wurde. Die Grameen-Darlehen sind jedoch in keiner Weise mit unseren Baudarlehen vergleichbar, weil es dort lediglich um den Erwerb wichtiger Baumaterialien geht. Sie liegen daher bei maximal 250 Dollar.

Darlehen zur Förderung der schulischen Ausbildung von Grameen-Kindern wurden bis Ende 2011 an insgesamt 183 000 Grameen-Familien vergeben.

An Lebensversicherungen, von denen Grameen zwei Varianten entwickelt hat, wurden bis heute 9,2 Millionen Dollar ausbezahlt. Derartige Programme laufen derzeit für etwa 140 000 Arme und Ärmste.

Auch den Aufbau von privaten Pensionsfonds bietet die Grameen Bank an. Wer an diesen Programmen teilnimmt, zahlt über zehn Jahre hinweg monatlich umgerechnet 0,86 Dollar ein. Bisher summierten sich diese Beträge auf 175 Millionen Dollar, wobei die Pensionssparer nach zehn Jahren genau das Doppelte des einbehalten Betrages zurückerhalten.

Insgesamt zählen derzeit einschließlich der Mutterorganisation Grameen Bank gut 30 Unternehmen zur Grameen-Unternehmensfamilie sowie weitere Nichtregierungsorganisationen. Mehr als 20 Unternehmen sind dabei völlig eigenständige Firmen, an den restlichen hält die Grameen Bank Anteile. Und immer neue Projekte sind in Planung. So kündigte Yunus bei der Bekanntgabe des Friedensnobelpreises 2006 an, das Preisgeld für den Aufbau von »Grameen Social Business Enterprises« einsetzen zu wollen. Mehr hierzu im nächsten Kapitel.

Als Muhammad Yunus Mitte der 1990er Jahre begann, technische und soziale Infrastrukturprogramme und -unternehmen aufzubauen, klang seine Vision für diesen Bereich noch eher zurückhaltend: »Wir suchen nach marktorientierten Wegen für eine Verbesserung der sozialen Infrastruktur.« Dieser Bereich der Grameen-Arbeit stellt eine besonders große Herausforderung für alle Anhänger staatlicher Infrastruktursysteme dar. Yunus hat den Beweis angetreten, dass gerade bei der Bereitstellung sozialer Dienstleistungen und sozialer Sicherungssysteme sowie moderner technologischer Infrastruktur für die Armen und Ärmsten privatwirtschaftliche Initiative weitaus effizienter funktioniert als der meist vergebliche Ruf nach dem Staat. Denn gerade in Dritte-

Welt-Ländern ist dieser zumeist sehr weit davon entfernt, hier auch nur seinen elementarsten Aufgaben nachzukommen. Yunus hat gezeigt, dass private Unternehmen, die dabei sogar Gewinne machen, in diesem Bereich die erstaunlichsten sozialen Effekte erzielen können.

## 7. Social Business
### *Die Generalisierung der Grameen-Erfahrungen*
### *für die Lösung sozialer Probleme weltweit*

In seiner Dankesrede verkündete Muhammad Yunus bei der Verleihung des Friedensnobelpreises am 10. Dezember 2006 in Oslo eine nächste große Idee. Er sprach von »Social Business« und lud die Welt ein, nun serienweise, systematisch und weltweit Unternehmen zu gründen, die, so wie die Grameen-Unternehmen, einzig und allein dem Zweck dienen sollten, soziale Probleme auf unternehmerische Weise zu lösen. Er stellte sieben Prinzipien auf, die solche Social Businesses erfüllen sollten: Ihr Gründungs- und Betriebszweck sollte statt auf Gewinnmaximierung ganz auf die Lösung eines sozialen Problems fokussiert sein, sei es Armutsüberwindung, Zugang zu sauberem Wasser und sauberer Umwelt, zu guter Gesundheit und angemessener Bildung oder zu modernen Technologien. Ein Social Business sollte finanziell und unternehmerisch nachhaltig aufgestellt sein und geführt werden, also gewinnorientiert arbeiten. Die Investoren in ein Social Business sollten keine Dividende für ihr soziales Investment erhalten, sie sollten bei wirtschaftlichem Erfolg lediglich den investierten Betrag zurückerhalten. Die erzielten Gewinne sollten ausschließlich in die Ausweitung des Geschäftsmodells, in Innovationen sowie in neue Social Business Geschäftsmodelle fließen. Die Prinzipien der ökologischen Nachhaltigkeit sollten eingehalten werden. Die Mitarbeiter sollten mindestens marktgerecht bezahlt werden, die Arbeitsbedingungen sollten in jedem Fall besser als bei klassischen Unternehmen sein. Und ein Social Business ist nur dann ein Social Business, wenn seine Mitarbeiter in diesem Unternehmen mit Freude arbeiten.

Social Business ist somit nichts Geringeres als die Ausweitung der Grameen-Schlüsselerfahrungen auf die Lösung sehr vieler sozialer Probleme in *allen* Ländern der Welt, also *selbsttragende* Lösungen, die ihre Kosten selbst erwirtschaften und damit unabhängig werden von Spenden und staatlichen Zuschüssen, und dadurch ihre soziale Leistung eigenfinanziert immer mehr ausweiten können.

Social Business wird dadurch zum Zwillingsbruder von Eco Business. Die Menschheit hat seit den 1970er Jahren immer klarer erkannt, dass sie immense ökologische Probleme verursacht beziehungsweise zugelassen hat. Eine immer stärkere ökologische Bewegung entstand. In den ersten Jahrzehnten dieser Bewegung ging man von der prinzipiellen Unversöhnbarkeit von Ökonomie und Ökologie aus. Erst seit etwa Mitte der 1990er Jahre begannen zunächst nur einige wenige Unentwegte, an die kluge Verknüpfbarkeit von Ökologie und Ökonomie zu glauben. Dieser Trend hat sich längst so weit durchgesetzt, dass heute praktisch alle Parteien in der Ökowirtschaft den nachhaltigsten ökologischen Fortschritt erkennen und damit zugleich auch die besten Zukunftsperspektiven in ökonomischer Hinsicht. Social Business bedeutet die nicht minder bedeutsame Versöhnung von Ökonomie und sozialen Herausforderungen. Daher meinte Yunus nach den ersten Erfolgsbeispielen von Social Business: »Wir erleben gerade mit Social Business ein weltweites soziales Wirtschaftswunder. Der Zug ist auf dem Gleis. Niemand kann ihn mehr stoppen.« In der Tat spricht vieles dafür, dass Social Business in seinen zwischenzeitlich entstandenen unterschiedlichen Ausprägungen zu einer weltweiten Bewegung heranreift, die der Ökobewegung in nichts nachsteht.

Einige Wochen bevor Yunus als der neue Friedensnobelpreisträger bekanntgegeben wurde, lud ich ihn zu einer
neuen Art von Zukunftskonferenz, dem Vision Summit ein.
Yunus sagte zu, am 4. Juni 2007 in Berlin zu sein, um dort
seine Zukunftsvision vorzustellen. Der Vision Summit
wurde ins Leben gerufen, um unmittelbar vor dem damaligen
G8-Gipfel in Heiligendamm die Öffentlichkeit und die politischen Entscheider auf zukunftsweisende und praxiserprobte
Lösungskonzepte hinzuweisen zu jenen Herausforderungen,
die seinerzeit im Zentrum des öffentlichen und politischen
Interesses standen, wie beispielsweise die Überwindung weltweiter Armut. Zehn derartige praxisnahe Zukunftsvisionäre
waren eingeladen und nahmen teil, darunter auch Yunus.
Der Vision Summit war aus dem Stand ein Erfolg. Und in
Bezug auf Muhammad Yunus gelang es, eine große öffent-
liche und mediale Aufmerksamkeit für ihn zu organisieren.
An der Pressekonferenz des Vision Summit nahmen mehr
als 100 Journalisten teil. Yunus war trotz des bevorstehenden
G8-Gipfels der Star in der Talkshow von Sabine Christiansen
am Sonntag vor diesem politischen Großereignis. Trotz Hei-
ligendamm gewährte der Bundespräsident kurzfristig einen
Empfang für Muhammad Yunus. Er erhielt das sehr seltene
Privileg, im Heute-Journal einen Gastkommentar zum
G8-Gipfel sprechen zu können. Und er war Star des Deut-
schen Evangelischen Kirchentags 2007, bei dem er mit der
Bundeskanzlerin Angela Merkel die Ergebnisse des G8-Gip-
fels diskutierte.

Entscheidend war sein Auftritt beim Vision Summit, denn
dort erläuterte er erstmals seine Vision und Konzeption von
Social Business in Mitteleuropa. Binnen Jahresfrist entstand
als Folge daraus mit dem »Genisis Institute for Social Business and Impact Strategies« das weltweit erste Institut für
Social Business und fand mit dem 2. Vision Summit im

November 2008 der erste Weltkongress statt, der sich ganz auf das Thema Social Business fokussierte. Von den 900 Teilnehmern gründeten mehr als 100 eigene Projekte im Sinne von Social Business oder starteten sonstige Aktivitäten, um diese neue Idee zu fördern, wie beispielsweise das Wirtschaftsmagazin »enorm«, das von vielen als die beste Magazin-Neugründung seit »BrandEins« angesehen wird. Durch die Vermittlung von Hans Reitz, der das Grameen Creative Lab ins Leben rief, stiegen auch deutsche Konzerne in Social Business Joint Ventures mit Grameen ein.

## Grameen Danone –
## das erste Social Business Joint Venture

Als Yunus in Oslo und Berlin das Konzept von Social Business vorstellte, bezog er sich neben seinen eigenen Unternehmensgründungen bis 2005 insbesondere auf ein Joint Venture, das für viele westliche Unternehmen und Gründungswillige eine überzeugende und motivierende Vorlage sein konnte. Anfang des Jahres 2006, das von den Vereinten Nationen als das Jahr des Mikrokredits deklariert war, kam es auf Initiative des CEO von Danone, Frank Riboud, zu einem Zusammentreffen von ihm und Muhammad Yunus. Riboud wollte eigentlich einen Scheck mit einer stattlichen Summe zur Förderung der Grameen-Arbeit überreichen. Doch Yunus schlug ihm ein Business vor, ein Social Business.

Er fragte, ob Danone und Grameen ein Gemeinschaftsunternehmen, in diesem Falle ein Social Business Joint Venture, gründen könnten, das einen Joghurt speziell für den Bedarf der Armen in Bangladesch herstellt. Der wichtigste Punkt sei dabei, dass dieser Joghurt genau jene Bestandteile enthält, die in der Ernährung dieser Zielgruppe in der Regel fehlen. Es sollte also eine Art universelles Nahrungsergänzungsmittel sein, eine »Medizin«, die die Gesundheit jener, die zumindest einmal pro Woche diesen Joghurt zu sich nehmen, signifikant verbessert. Frank Riboud fand diese Idee großartig und sagte sofort zu.

Doch Yunus benannte weitere Herausforderungen: Ein Social Business sollte Produkte oder Dienstleistungen so konzipieren, dass sich die Zielgruppe der Armen diese auch leisten können und wollen. Das Ergebnis muss also marktwirtschaftlich funktionieren, und dies bedeutet für dieses sehr besondere Marktsegment vor allem eine drastische Kostenreduzierung. Riboud verstand die damit verbundene Herausforderung. Es bedurfte einer völlig neuen Innovationsqualität, die sie dabei gemeinsam zu Wege bringen müssten, denn die klassische Übertragung und marginale Anpassung westlicher Produkte an die anderen kulturellen Rahmenbedingungen würden zu einem Produktpreis führen, den sich die Armen nicht leisten könnten. Das Vorhaben von Yunus wäre auf diesem Wege unmöglich erreichbar. Das gesamte Produktions- und Vertriebskonzept müsste radikal verändert werden. Und dennoch stimmte Riboud der Bewältigung dieser Herausforderung ohne Zögern sofort zu, denn er erkannte einen Zusammenhang, den er auch als Argument nutzte, um seine Aktionäre von diesem besonderen Joint Venture zu überzeugen:

Danone hat bisher Produkte und Geschäftsmodelle entwickelt, mit denen es einen Weltmarkt von potentiell etwa einem Drittel der Menschheit erreichen kann. Aber weder die bis dahin gesammelten Erfahrungen und Professionen im Unternehmen selbst noch die Kompetenz der gesamten Welt der Beratungsunternehmen sind in der Lage, Produkte und Geschäftsmodelle zu entwickeln, mit denen es auf absehbare Zeit möglich wäre, den potentiellen Restmarkt von immerhin zwei Dritteln der Menschheit zu erreichen. Hier

Erfahrungswerte zu sammeln und letztlich die Innovations-
leistung zu erbringen, wirtschaftlich funktionierende Produkte in diesem so völlig anderen und in vieler Hinsicht erst
*potentiellen* Markt zu entwickeln – dies ist mit einem Partner
wie Grameen unvergleichlich aussichtsreicher als auf jedem
anderen Weg. Zwar besteht bei einer Kooperation mit Grameen – wegen der für Yunus nicht verhandelbaren
Null-Dividende-Bedingung – nicht die Aussicht, dass man
daraus Gewinne erzielen könnte. Aber jeder andere Weg,
hier Erfahrungen zu sammeln, wäre wesentlich teurer und
zugleich wesentlich weniger aussichtsreich. Die Kooperation
mit Grameen bedeutet ja nicht, dass man in anderen Ländern
keinen anderen, eigenständigen Weg gehen kann. Ferner hat
auch Muhammad Yunus selbst kein Problem damit, wenn
Danone – auch in Bangladesch – später andere Produkte
unabhängig von Grameen entwickelt, die nicht der Null-Dividende-Forderung entsprechen. Yunus geht es bei seinem
Social-Business-Konzept um die Zielgruppe der besonders
Armen. Hier, so sein Argument, sollte ein Unternehmen
nicht auf Geldverdienen aus sein. Wenn die Ärmsten die
Armutsgrenze hinter sich gelassen haben, sei es nach Yunus
kein Problem, wenn die normale Wirtschaft greife. Die
Ärmsten bräuchten jedoch einen besonderen Schutz vor der
Ausnutzung ihrer schwachen Stellung und sie bräuchten
eine besondere Innovationsbereitschaft, um für sie sinnvolle
und funktionierende Produkte zu entwickeln.

Frank Riboud überzeugte seine Aktionäre. Weniger als
ein einziges Jahr verging zwischen dem ersten Gespräch zwischen Yunus und Riboud und der Einweihung der ersten
Joghurtfabrik aus dem beschlossenen Social Business Joint
Venture nahe der nordbengalischen Stadt Bogra. Zur feierli-
chen Eröffnung kam unter anderem der französische Fuß-
ballstar Zinedine Zidan.

Die ersten Untersuchungen zu den Wirkungen eines nur zweimaligen wöchentlichen Konsums dieses Joghurts auf den Gesundheitszustand vor allem der Kinder aus den Armutsfamilien waren ausgesprochen positiv. Auch der Ansatz, nicht die größtmögliche, sondern eher die kleinstmögliche Fabrik zu bauen, erwies sich als richtig. Das Einzugsgebiet musste so bemessen sein, dass sowohl die Anlieferung der Frischmilch als auch die Auslieferung des fertigen Joghurts an die Infrastrukturvoraussetzungen in der ländlichen Armutsregion und an die involvierten Menschen angepasst sein musste, für die sie konzipiert war. Die Lieferanten der Milch wie auch die Verkäufer des Joghurts sollten ebenfalls die Armen in diesen ländlichen Regionen sein. Mit einfachen Kühltaschen war dies ermöglicht worden. Analog zum Modell der Telefonladies bei Grameen Phone wurden für Grameen Danone »Joghurtladies« akquiriert, die in den Dörfern den frischen Joghurt zum Verkauf anboten. Um deren wirtschaftliches Risiko zu minimieren, wurden nur die tatsächlich verkauften Joghurts berechnet. Das Risiko der zuviel mitgegebenen Joghurts lag bei Grameen Danone.

Dennoch zeigte sich in der Praxis schnell, dass dieses erste Geschäftsmodell nicht zu einer wirtschaftlichen Tragfähigkeit für Grameen Danone führen konnte. Die Joghurts fanden nur zu Preisen genügend Abnehmer, die nicht rentabel waren. Letztlich erwies sich ein spezieller Wunsch von Yunus als das entscheidende Hindernis. Er wollte den Joghurt nur in den ländlichen Armutsregionen vertrieben sehen, damit dieser auch tatsächlich die Hilfsbedürftigsten erreicht. In den großen Städten gab es in den entsprechenden Märkten Joghurts, die jedoch deutlich höherpreisig waren. In diesen Märkten hätte der Joghurt von Grameen Danone also einen problemlosen Absatzmarkt zu rentablen Konditionen finden können. Die dortigen Käufer von Joghurt gehörten jedoch nicht zu den Ärmsten, sondern eher zur unteren Mittelschicht und den Schichten darüber, und dies war nicht die von Yunus intendierte Zielgruppe. Heute liefert Grameen Danone etwa die Hälfte der produzierten Joghurts in die Städte zu den dortigen marktgerechten Preisen, also zu höheren Preisen als jene, zu denen sich dieselben Joghurts in den deutlich ärmeren ländlichen Regionen verkaufen lassen. Die zweite Hälfte fließt in die von Yunus intendierten Märkte der besonders Armen zu den für sie verträglichen Preisen. Dieser Teil ist quersubventioniert durch den Absatz der einen Hälfte in den Städten, und auf diese Weise funktioniert das Geschäftsmodell mit dem speziellen Joghurt für die Armen ganz im Sinne der Idee des Social Business. Nun kann Grameen Danone dieses Muster replizieren und im ganzen Lande nach dem gleichen Muster kleine Joghurtfabriken bauen.

Grameen und Danone haben durch diese Kooperation ein ausgesprochen wertvolles Produkt geschaffen, das die Ernährungs- und Gesundheitssituation in Bangladesch und potentiell in allen anderen ländlichen Armutsregionen weltweit entscheidend verbessert und damit viel Elend und zahlreiche Krankheiten aus Mangelernährung vermeiden kann. Sie haben aber auch in anderer Hinsicht beide sehr viel gewonnen. Muhammad Yunus konnte diese Kooperation als Erfolgsbeispiel nutzen, um weitere internationale Unternehmen für ähnliche Projekte zu gewinnen. Wir werden darüber gleich mehr erfahren. Danone lernte nicht nur, wie auch an der Armutsschwelle Produkte für die Bedarfe der, weltweit gesehen, drei bis vier Milliarden Armen entwickelt und wirtschaftlich selbsttragend vermarktet werden können. Ein hochrangiger Mitarbeiter auf der Geschäftsführungsebene meinte, Danone habe durch diese Kooperation auch einen neuen Weg der Mitarbeitermotivation entdeckt. Die Danone-Mitarbeiter empfinden die Kooperation mit Grameen als derart sinnstiftend, dass sich deren Motivation, für Danone zu arbeiten, entscheidend verbessert hat. Auch bewerben sich bei Danone seither wesentlich mehr höchst motivierte Nachwuchskräfte mit besten Abschlüssen und Reverenzen.

Das gesamte Unternehmen, von der Unternehmensführung über die Mitarbeiter bis zu den Shareholdern, ist stolz auf sein Social Business Modellprojekt. Als Frank Riboud nach seinen ersten Gesprächen mit Yunus seine Shareholder um die Freigabe der notwendigen Investitionen für die erste Joghurtfabrik bat, irritierte die meisten Shareholder die Null-Dividende-Forderung von Yunus. Inzwischen erklärten sich 97 Prozent der Shareholder von Danone dazu bereit, neben ihrer normalen Beteiligung am Unternehmen sich auch an einem speziellen Danone Social Business Fonds zu beteiligen – mit null Prozent Dividende. Nachdem zunächst nur die Shareholder gefragt wurden, ob sie sich an dem ungewöhnlichen Fonds beteiligen wollten, protestierten die Mitarbeiter: Auch sie wollten sich daran beteiligen. So kamen mehr als 100 Millionen Euro für den ersten Social Business Fonds der Welt zusammen. Neben dem Joint Venture mit Grameen werden daraus inzwischen rund 30 weitere Social Businesses für deren Startphase finanziell ausgestattet.

Danone ist in seiner Begeisterung für Social Business jedoch auch mit diesen Ergebnissen noch nicht zufrieden. So entschloss sich Danone zur Finanzierung des weltweit ersten Lehrstuhls für Social Business an der European Business School in Oestrich-Winkel bei Wiesbaden. Durch diesen Lehrstuhl sollen insbesondere Wege gefunden werden, die Idee des Social Business auf die Lösung gesellschaftlicher Herausforderungen im deutschen Sprachraum anzuwenden und entsprechende Projekte zu finden, zu kreieren und zu begleiten. Einer der beiden Lehrstuhlinhaber ist Andreas

Heinecke. Er war der erste Ashoka Fellow in Deutschland aufgrund seines Projektes »Dialog im Dunkeln«. Zunächst in
Hamburg und zwischenzeitlich in 110 Städten in 30 Ländern
realisierte er ein Museum, in dem blinde Menschen Sehende
durch die Welt der Dunkelheit führen. Niemand kennt sich
in dieser Welt besser aus als Blinde, niemand sonst könnte
also in dieser Welt ein besserer Führer sein. Die Blindheit
zwingt diese Menschen zur Entwicklung einer ganzen Fülle
von kompensierenden Fähigkeiten, die zwar offensichtlich in
allen Menschen schlummern, aber eben nicht mit der möglichen Intensität ausgebildet werden. Blinde müssen ihr Gehör,
ihren Tastsinn und einiges mehr in deutlich höherer Qualität
entwickeln, und sie können daher alle diese Fähigkeiten uns
Sehenden besser vermitteln als jeder sonst. Andreas Heinecke
führte seine soziale Innovation zu einem selbsttragenden
Geschäftsmodell ohne persönliche Gewinnabschöpfungs-
absicht, also zu einem Social Business, ohne dass er diesen
Begriff in all den Jahren des Aufbaus seines Projektes kannte.
Aus seiner praktischen Erfahrung heraus ist er eine hervor-
ragende Besetzung für diesen Lehrstuhl.

Bei Danone rückte das Thema Corporate Social Respon-
sibility (CSR), also die Übernahme von gesellschaftlicher
Verantwortung durch Unternehmen, Dank der Impulse von
Yunus noch weit mehr als zuvor in den Mittelpunkt der weiteren Entwicklung des Unternehmens. Das hatte auch Auswirkungen auf die Personalpolitik des Unternehmens. So
wurde beispielsweise Ramin Khabirpour, der während seiner
Zeit als Chef von Danone Polen mit mehreren CSR-Preisen
ausgezeichnet wurde, zunächst als Geschäftsführer für
Danone Deutschland und dann für Danone Europe berufen
mit dem Auftrag, die CSR-Kultur noch deutlich weiterzuent-
wickeln.

## Grameen Veolia Water –
## Zugang zu sauberem Wasser

Ein zweites international tätiges Unternehmen, das seinen Hauptsitz in Frankreich hat, fand im selben Jahr wie Danone, also 2006, Interesse an der Yunus'schen Idee des Social Business: Veolia. Zwei Jahre später, 2008, wurde GrameenVeolia Water gegründet.

Veolia zählt zu den größten Wasser-Konzernen der Welt und stellt rund um das Thema vielfältigste Dienstleistungen bereit. Muhammad Yunus suchte ein solches Unternehmen als Partner zur Lösung eines besonders bitteren Problems in weiten Bereichen seines Landes. Das Grundwasser ist an vielen Stellen Bangladeschs arsenverseucht. Schätzungen gehen von 35 bis 80 Millionen Menschen aus, die von diesem Problem betroffen sind. Das mit Arsen kontaminierte Wasser führt zu einer schleichenden Vergiftung der Menschen mit einem über Jahre sich kontinuierlich steigernden Leiden und dem sicheren Tod durch Krebs von jährlich etwa 100.000 Menschen.

Alle bis dahin unternommenen Versuche, dem Problem Herr zu werden, sei es durch Filter oder durch besonders tiefreichende Brunnen, schlugen fehl. Veolia wandte sich an Grameen, weil es im Zugang zu sauberen Trinkwasser für die armen zwei Drittel der Menschheit eine der zentralen Zukunftsherausforderungen sah. Natürlich war es Veolia auch klar, dass die Lösung für die Armen nicht darin bestehen konnte, die teuren Plastikflaschen mit sauberem Wasser von weit entfernten Orten anliefern zu lassen. Die Armen haben schlicht nicht das Geld, sich diese leisten zu können. Gerade einmal 1 Taka für 10 Liter sauberes Wasser erschien Yunus ein akzeptabler Preis. Das Motiv von Veolia, mit Grameen zusammenarbeiten zu wollen, ist die Hoffnung, dadurch gemeinsam auf neue, kreative und umsetzbare Lösungen zu kommen. Antoine Frérot, CEO von Veolia, umschreibt dies so: »Wir verkaufen kein Wasser. Unser Geschäft besteht darin, das Wasser so aufzubereiten, dass die Menschen es gefahrlos trinken können. Als wir uns nun für den Aufbau eines Social Business in Bangladesch engagierten, war das für unsere Mitarbeiter eine aufregende Sache – ein wahrhaft frischer Wind im Unternehmen. Veolia Water und seine Mitarbeiter wollen positive Beiträge zu den sozialen Fragen leisten, die sich ums Wasser drehen, und dieses Problem ist eine wunderbare Gelegenheit hierfür.«

Yunus definiert das gemeinsame Ziel dieser Kooperation wie folgt: »Unser Ziel ist es, ein nachhaltiges, sich wirtschaftlich selbst tragendes Versorgungssystem mit sauberem Wasser für ein abgelegenes Dorf in Bangladesch zu schaffen und dabei zu lernen, wie ein solches System funktionieren und wie man es andernorts nachbauen kann. Wenn uns das gelingt, ist das Potential für sozialen Nutzen enorm.« Als Ort für ein derartiges Pilotprojekt wählte man Goalmari aus, 50 Kilometer von Dhaka entfernt, ein Ort mit besonders stark arsenverseuchtem Wasser und ein Einzugsgebiet von 20.000 Menschen, für die man eine neue Form der Wasserversorgung finden musste. Man entschied sich für eine kleine, fest installierte Anlage für die Aufbereitung von Oberflächenwasser. Man bezog, analog zu Grameen Danone, Grameen-Ladies für den Vertrieb vor Ort ein. Und man machte dieselben Erfahrungen wie dort: Die ersten Vermarktungskonzepte funktionierten noch nicht. Sie mussten mehrfach modifiziert werden. Am Ende fand man ein System, das wiederum Ähnlichkeiten mit dem letztlich funktionierenden System bei Grameen Danone hat und durch unterschiedliche Preise für unterschiedliche Kundengruppen durch das Prinzip Quersubventionierung funktioniert.

## Weitere Social Business Joint Ventures –
## Beispielfeld Gesundheit

Dies ist nicht der Ort, um alle bisher entstandenen Social Business Joint Ventures zwischen Grameen und internationalen Unternehmen in gleicher Intensität auszubreiten. Die meisten dieser Projekte stecken auch noch eher in den Kinderschuhen, was alles andere als verwunderlich ist, denn selbstredend ist es eine große Herausforderung, selbsttragende Geschäftsmodelle für die Lösung von brennenden sozialen Herausforderungen an der Schwelle bitterster Armut in der Welt zu entwickeln. Realistisch ist hier eine Entwicklungszeit von jeweils vier bis fünf Jahren und mehr, bis das Konzept so stabil ist, dass es sich selbst trägt und dadurch in die Phase der Replikation und Skalierung gehen kann. Daher macht es zum gegenwärtigen, noch sehr frühen Zeitpunkt mehr Sinn, den Blick auf innovative Ansätze zu richten denn auf die marktfähige Ausgereiftheit.

Interessante Partner für weitere Social Business Joint Ventures fanden sich zahlreiche, von Intel und BASF über Adidas bis zur Otto Group. Aus dieser Gruppe sei hier nur ein Themenfeld herausgegriffen, der Gesundheitssektor. Die von Yunus in diesem Feld vorgeschlagenen Ansätze zeigen, wie kreativ man über bestimmte soziale Probleme nachdenken muss, um echte und für die Armen besonders nützliche Innovationen entwickeln zu können.

Mit der Kenntnis einer der innovativen Ansätze von Yunus im Sinn, stellte ich dem Leiter einer der größten Gesundheitsstiftungen der Welt, die von einem Pharmaunternehmen ins Leben gerufen wurde, folgende Frage: »Wenn Sie mit Ihrer Stiftung Lösungen für bestimmte Krankheiten in den Armutsregionen der Welt entwickeln, denken Sie dabei auch über mögliche Lösungen nach, die *keine* Pharmazeutika sind?«

Diese Frage schien ihn etwas zu verwirren, denn offenbar waren seine wie auch die Denkmuster seiner Mitarbeiter ganz auf die pharmazeutische Richtung fixiert. Die Verwirrung steigerte sich noch, als ich fragte, ob die richtige Medizin in manchen Fällen nicht auch ein Schuh sein könnte.

Wie wird aus einem solch merkwürdigen Ansatz im übertragenen Sinne »ein Schuh«? Ganz einfach: wenn man die Frage stellt, wie in besonders armen Regionen der Welt die meisten Krankheiten in den menschlichen Körper gelangen. Die Antwort lautet: durch die Füße, wenn diese keinen Schutz vor verunreinigten Böden haben, wenn die Menschen also barfuß durch Slums und in ähnlichen Lebensumgebungen unterwegs sind. In vielen Armutsregionen sind immerhin schäbige offene Sandalen verbreitet, aber deren Schutzfunktion reicht nicht aus, um die Gesundheitssituation nachhaltig zu verbessern.

Als Hans Reitz 2007 für Muhammad Yunus den Kontakt zu Herbert Hainer, dem CEO von Adidas, herstellte, stellte Yunus ihm die Frage: »Können Sie einen Schuh herstellen, der nicht mehr als einen Dollar im Verkauf kostet?« Natürlich hatte Hainer in diesem Augenblick keine Ahnung, wie dies zu bewerkstelligen wäre. Aber die Argumente für den überaus großen Nutzen, der damit für immerhin zwei bis drei Milliarden Menschen gestiftet würde, berührten ihn so sehr, dass er zusagte, sich gemeinsam mit Yunus und dem Grameen-Team auf dieses Experiment einzulassen. Wissenschaftliche Studien in Fülle belegen, wie viele der offensiv gesundheitsschädigenden Stoffe durch ungeschützte Füße in den menschlichen Körper eindringen. Dass Schuhe ein entscheidender Beitrag für die signifikante Verbesserung des Gesundheitszustands für Hunderte von Millionen Menschen weltweit sein können, veranlasste Adidas sogar dazu, die Mission des Unternehmens dementsprechend zu korrigieren.

Innerhalb von drei Jahren seit dem ersten Zusammentreffen entwickelte Adidas tatsächlich einen Schuh, der dem kühnen Ziel schon einigermaßen nahe kommt. Die ersten 5.000 Schuhe wurden tatsächlich für etwa einen Dollar angeboten und waren nach drei Tagen ausverkauft. Allerdings war dies noch ein stark subventionierter Preis. Die Herausforderung auf dem Weg zur Massenproduktion ist nun, die Kosten noch einmal deutlich zu reduzieren. Nach dem ansonsten rundum sehr erfolgreichen Testlauf arbeitet Adidas an dieser verbliebenen Aufgabenstellung. Interessant ist an diesem Projekt auch ein anderer Effekt: Inzwischen haben sich auch die Erzkonkurrenten Puma und Nike daran gemacht, marktfähige Produkte für die Bedarfe und Märkte der Armen zu entwickeln.

Bei einem Gesprächstermin, den das Genisis Institut Ende 2009 in Zusammenarbeit mit der Charité in Berlin zwischen Yunus und Führungskräften internationaler Pharma- und Gesundheitsunternehmen organisierte, kritisierte Yunus die bisherigen Ansätze von Einrichtungen wie der Weltgesundheitsorganisation (World Health Organization) und auf Gesundheit in der Dritten Welt ausgerichtete Stiftungen scharf. Dort gehe man in der Regel so vor, dass man irgendwo in einem Entwicklungsland eine moderne »Gesundheitsinsel« in Form eines Krankenhauses oder ähnlichem in die Landschaft stellt, dieses mit teuren westlichen Gerätschaften und Medikamenten ausstattet und das Kernteam aus gut bezahlten Ärzten rekrutiert.

Yunus stellte dem ein anderes Konzept entgegen. Er fragte den Teilnehmerkreis, was aus deren Sicht das wichtigste medizintechnische Instrument in den ländlichen Regionen Bangladeschs sei, und zog die Antwort gleich aus seiner Jackentasche: ein Mobiltelefon! Welche Rolle kann ein Mobiltelefon für einen alternativen Weg zum Aufbau eines leistungsfähigen Gesundheitssystems spielen?

In Bangladesch kommt auf zwei Ärzte eine Kranken-schwester. Die Situation in vielen anderen Ländern der so genannten Dritten Welt ist ähnlich. Bei einem derartigen Verhältnis ist es von vorneweg ausgeschlossen, dass ein funk-tionierendes und kostengünstiges Gesundheitssystem auf-gebaut werden kann. Auch dies ist ein gemeinsames Merkmal der meisten Entwicklungsstaaten: Der überwältigende Teil der Ärzte lebt in den Städten und zeigt wenig Neigung zu einer Karriere als Landarzt. Dieser Dauerzustand wird durch temporäre Gesundheitscamps und ähnliche Maßnah-men zu kompensieren versucht, was die chronische Unterver-sorgung und systemische Überteuerung von Gesundheitsleis-tungen nicht im Ansatz behebt.

Ein Ansatz, der die Lage schnell und nachhaltig verbessern kann, ist der Aufbau einer systematischen und breitflächigen Ausbildung von Krankenschwestern. Eine gut ausgebildete Krankenschwester kann einen beträchtlichen Teil gesundheit-licher Leistungen erbringen, bei denen man bisher – bei einem Verhältnis von 2:1 zwischen Arzt und Krankenschwester – auf die Ärzte angewiesen war. Die Ausbildung der viel zu wenigen Krankenschwestern fand zudem bisher vor allem in den Städ-ten statt. Yunus startete daher eine systematische Kranken-schwesterausbildung auf dem Land. Die Auszubildenden kommen ebenfalls nur vom Land. Und dann kommt noch das Mobiltelefon ins Spiel: Das Gesundheitssystem, das nun nach dem Yunus'schen Konzept aufgebaut wird, integriert ein Coa-chingsystem von Ärzten aus den Städten für die Kranken-schwestern auf dem Land. Dieses enthält systematische Fort-bildungen, spezifische Rückfragen bei Bedarf sowie auch »Ferndiagnosen« per Versand von Fotos bestimmter Befunde und der Rückmeldung des Coaching-Arztes.

Nach ersten Schätzungen können durch diesen Weg für den Großteil der gesundheitlichen Versorgung die Kosten um weit mehr als das Zwanzigfache, andere sprechen vom Hundertfachen, gesenkt werden. Oder anders ausgedrückt: Die Gesundheitsleistungen können bei gleichem Mitteleinsatz um diesen Faktor ausgeweitet und verbessert werden. Welch ein Unterschied!

## Eine Infrastruktur für Social Business

Die Idee des Social Business verbreitete sich rasend schnell rund um den Erdball, auch deshalb, weil sie einen Zeitgeist traf, der nach einer anderen Rolle für die Wirtschaft suchte als das grenzenlose und hemmungslose Streben nach immer nur mehr Geld, Geld, Geld. Die Hoffnung auf Sinn-Gewinn statt nur monetärem Gewinn sowie die Perspektive auf eine intelligente Verknüpfung von Wirtschaft und der Lösung von sozialen und ökologischen Problemen sprach sozial Engagierte, Gründungswillige, Mitarbeiter und Führungskräfte in Unternehmen, Studenten, Stiftungen, die Politik, kurz alle an. Durch die Philosophie des Vision Summit, zu dessen Konzept eine gute Mischung sehr unterschiedlicher Zielgruppen gehört, gelang im deutschsprachigen Raum und darüber hinaus genau dieser breit aufgestellte Start des neuen Impulses.

Yunus nahm die Resonanz beim Vision Summit wahr und natürlich auch bei anderen Gelegenheiten. So war er im Spätsommer 2008 eingeladen beim jährlich stattfindenden Treffen der Wirtschaftsnobelpreisträger in Friedrichshafen am Bodensee, obwohl er nicht den Wirtschafts-, sondern den Friedensnobelpreis erhielt. Die 13 anwesenden Wirtschaftsnobelpreisträger zeigten sich in den Gesprächen untereinander und mit den 300 geladenen Wirtschafts-Elitestudenten aus aller Welt angesichts der damals akuten Weltfinanzkrise sehr ratlos.

Paul A. Samuelson äußerte sich dort beispielsweise öffentlich sehr nachdenklich, ob angesichts der Krise seine eigenen bisherigen Sichtweisen zur Ökonomie wie auch die vieler seiner Kollegen noch Bestand haben könnten. Die Krise lenkte die Aufmerksamkeit aller höchst dekorierten Wirtschaftsvordenker plötzlich sehr stark auf die Ansätze von Muhammad Yunus, der dort unter anderem meinte: »Wir erleben gerade mit Social Business ein weltweites soziales Wirtschaftswunder. Der Zug ist auf dem Gleis. Niemand kann ihn mehr stoppen.« Insbesondere unter den anwesenden Studenten geschah etwas bemerkenswertes: Bis zu diesem Friedrichshafener Event noch ganz auf eine steile Wirtschaftskarriere fixiert, entschlossen sich dort mehr als 30 Studenten spontan, ihre Lebensplanung ab sofort radikal zu korrigieren und sich ganz in den Dienst von Social Business zu stellen.

Sicher nicht zuletzt diese Erfahrung bestärkte Yunus in der Entscheidung, sich an die Planung einer weltweiten Infrastruktur zur Förderung von Social Business zu machen. Zunächst lag diese Aufgabe bei dem noch im selben Monat, August 2008, gegründeten Yunus Center. Noch im selben Jahr entschied sich Yunus, in Wiesbaden gemeinsam mit Hans Reitz das Grameen Creative Lab zu etablieren mit dem Ziel, die Erfahrungen bestehender Social Businesses zu bündeln, professionelle Unterstützung bei Gründungswilligen von Social Businesses anzubieten und die Entstehung weiterer Infrastruktureinrichtungen im Sinne von Social Business voranzutreiben.

Sehr schnell interessierten sich Universitäten für Kooperationen bis zur Einrichtung eigener Institute für Social Business und Lehrstühle, so unter anderem auch die renommierte Wirtschaftshochschule der Universität zu Paris.

Auch weitere Social Business Fonds neben jenem von Danone sind in der Aufbauphase, einer davon auf Initiative von Fürst Albert II. von Monaco. Bei einer Podiumsdiskussion im November 2011 in Wiesbaden zwischen Muhammad Yunus und Jürgen Fitschen, dem Ackermann-Nachfolger bei der Deutschen Bank, fragte Yunus, ob er sich vorstellen könne, seine Aktionäre und Anleger zu fragen, ob sie neben ihren gewinnorientierten Anlagen einen Teil ihres Vermögens in einem Social Business Fonds anlegen würden unter bewusstem Verzicht auf jegliche Kapitalverzinsung. Fitschen verneinte dies zunächst, weil es ihm nicht erfolgsversprechend erschien. Nachdem Yunus dieses Argument mit dem Hinweis auf die Beteiligungsquote der Danone-Shareholder beim Danone Social Business Fonds beantwortete, meinte Fitschen, dies sei ein interessantes Faktum und damit sei die Idee doch sehr bedenkenswert. Er versprach, das Konzept nun zu prüfen.

Eine weitere Vision von Yunus ist die Entstehung eines Social Business Stock Exchange, also einer Börse, an der ausschließlich Social Businesses gelistet werden können. Da die Anleger hier, entsprechend der Null-Dividende-Logik, keine Gewinne erwarten können, soll dementsprechend auch nicht die monetäre Gewinnaussicht bewertet werden, sondern der soziale Gewinn soll den Wert eines Unternehmens an dieser Börse bestimmen.

## Wie Social Business auch andere ähnliche Ansätze beflügelte

Sogar schon etwas älter als die Grameen Bank ist die bereits erwähnte Einrichtung »Ashoka«. Ihr Gründer Bill Drayton begann 1980 mit der Identifikation von besonders innovativen Projekten zur Lösung von gesellschaftlichen Problemen. Für deren Innovatoren beziehungsweise Leiter bot er an, sie für drei Jahre von der Notwendigkeit freizustellen, den eigenen Lebensunterhalt selbst verdienen zu müssen neben ihrer so wertvollen Aufbauarbeit einer potentialreichen sozialen Innovation. Dafür sammelte er entsprechend Geldgeber. Inzwischen sind es mehr als 3.000 »Social Entrepreneurs« beziehungsweise »Ashoka Fellows«, wie sie während der dreijährigen Förderphase genannt werden, die in 70 Ländern identifiziert wurden und von Ashoka nicht nur finanziell unterstützt werden. Auch Ashoka baute eine immer komplexer und handlungsstärker werdende Infrastruktur für Social Entrepreneurs auf.

Durch die Verleihung des Friedensnobelpreises an einen ihrer frühesten Social Entrepreneurs, Muhammad Yunus, erfuhr auch die Social Entrepreneurship Bewegung, die inzwischen von einem breiten Netzwerk an Stiftungen, Fonds und ähnlichen Einrichtungen getragen wird, einen erheblichen Wahrnehmungsschub.

Der Begriff des »Social Entrepreneurship« hebt auf etwas anderes ab als jener des »Social Business«. Social Entrepreneurship meint Konzepte zur Lösung gesellschaftlicher Herausforderungen, die sich insbesondere durch ihre soziale *Innovationsqualität* auszeichnen, durch ihr *Wirkungspotential* zur Lösung der entsprechenden Probleme und durch ihre *Skalierbarkeit*. Social Entrepreneurship Projekte *können* dabei auch noch zusätzlich die spezielle Social-Business-Qualität besitzen, wirtschaftlich selbstständig und unabhängig zu sein, müssen dies aber nicht. Sie können auch spendenabhängig sein oder abhängig von staatlichen oder sonstigen Förderungen. Das Netz des Ansatzes von Social Entrepreneurship ist also zum einen deutlich weiter als jenes von Social Business, weil sein Fokus auf Social *Innovation* liegt anstatt auf Social *Business*. Ashoka, die Schwab Foundation, die Skoll Foundation und viele andere Organisationen, die sich dieser Idee verschrieben haben, bringen somit die faktische »Forschungs- und Entwicklungsabteilung zur Lösung sozialer Probleme in jedem Land« ans Tageslicht und zur systematischen Förderung. *Neue* Social Business Konzepte müssen definitiv ebenfalls höchst innovativ sein, weil sie sonst nicht wirklich funktionieren können. Aber ein Unternehmen ist auch dann ein Social Business, wenn es bereits funktionierende Social Businesses lediglich nachahmt.

Die höchst innovativen Social Businesses der ersten Stunde haben die Social Entrepreneurship Bewegung stark inspiriert, ihre Projekte noch einmal sehr genau daraufhin zu überprüfen, ob sie sich nicht doch zu wirtschaftlicher Unabhängigkeit weiterentwickeln könnten. Dieser Frage gehen nun zahlreiche Einrichtungen nach, darunter die ständig zunehmende Zahl von Social Entrepreneurship Fonds, aber auch die rapide wachsende Zahl von Lehrstühlen für Social Entrepreneurship, von denen es ein Vielfaches im Vergleich zu Social Business Lehrstühlen gibt.

Die Social Entrepreneurship Bewegung profitiert, wenn man die Entwicklung der Jahre 2010 und 2011 zum Maßstab nimmt, tendenziell sogar erheblich mehr als die Social Business Bewegung. Ein Grund hierfür liegt in der Festlegung von Muhammad Yunus, dass Social Businesses nur dann Social Businesses in seinem Sinne sind, wenn es keinerlei Auszahlungen von Dividenden an deren soziale Investoren gibt. Diesen Schritt empfinden viele, die mit Yunus' Ideen sonst überaus stark sympathisieren, als eine Einengung, die zwar in manchen Fällen sehr sinnvoll ist, aber in anderen sich eher kontraproduktiv auswirkt. Ein anderer Grund für den stärkeren Zulauf zu Social Entrepreneurship hat mit dem Stellenwert von sozialen Innovationen zu tun. Immer mehr Vordenker, Stiftungen, soziale Organisationen und politische Einrichtungen sehen nicht mehr nur die so genannten Entwicklungs- und Schwellenländer vor riesigen sozialen Herausforderungen, sondern mit dramatisch wachsender Beschleunigung auch die traditionellen Industrieländer. Daher wird *jede* echte soziale Innovation als höchst wertvoll angesehen. Die Frage, ob es diese auch schafft, selbsttragend zu werden, wird zwar durchaus als wichtig angesehen, aber eben doch erst in zweiter Linie.

Dieser zuletzt genannte Trend führte in jüngster Zeit dazu, dass der Begriff *Social Innovation* sich zu einem neuen Überbegriff entwickelt hat. Immer mehr Einrichtungen rücken diesen Begriff ins Zentrum ihrer Aufmerksamkeit, so auch der Vision Summit, der sich seit 2011 als »Internationale Leitkonferenz für Social Innovation, Social Entrepreneurship und Social Impact Business« versteht. Der Begriff »Social Impact Business« trägt dabei dem Wunsche von Muhammad Yunus Rechnung, dass sein Begriff des Social Business für seine Definition einschließlich der Null-Dividende-Bedingung reserviert bleibt. Social Impact Business meint all jene Unternehmen, die sich eindeutig und allein der Lösung von gesellschaftlichen Herausforderungen zuwenden, schließt jedoch neben Social Businesses auch solche Unternehmen mit ein, die dabei eine transparente und moderate Kapitalverzinsung der sozialen Investoren erlauben. Der klare Fokus ist hier also der »Social Impact« und dessen Verknüpfung mit ökonomisch nachhaltigem Handeln.

Nachdem sich die hier beschriebenen Begriffsklärungen immer mehr durchsetzen, durch die unterschiedliche, aber sehr geistesverwandte Ansätze sauber differenziert werden können, suchen die Szenen von Social Business, Social Entrepreneurship, Social Innovation und Social Impact Business auch wieder verstärkt nach gemeinsamen Zielen und Interessen und sind wieder offen für gemeinsame Projekte.

Unter dem Label von »Social Innovation« und »Impact«
entsteht seit kurzem eine neue Generation von Infrastruktur-
projekten, die gleichzeitig allen hier angesprochenen geistes-
verwandten Ansätzen beträchtlichen Nutzen bringen sollen.
Dieser neuen und erweiterten Infrastrukturambition widmet
sich das seit 2012 umbenannte »Genisis Institute for Social
Innovation and Impact Strategies«.

Beim Vision Summit 2011 unternahm der Hauptveranstal-
ter, das Genisis Institut, den ersten Schritt in diese Richtung.
Gemeinsam mit dem Hasso Plattner Institut »School of
Design Thinking«, kurz »d-school« genannt, veranstaltete es
den ersten Groß-Workshoptag »Design Thinking for Social
Innovation«. Die Methode des Design Thinking wurde von
David Kelly, dem Gründer der größten Innovationsschmiede
weltweit namens »IDEO«, entwickelt, damit sehr viel mehr
Menschen systematisch lernen können, wie sie innovativ werden können, wie sie also methodisch Innovationen entwickeln
können, die diesen Namen auch verdienen. Design Thinking
breitet sich von Stanford und Potsdam, den beiden Mutter-
instituten, derzeit weitweit sehr schnell aus und in manchen
Ländern überlegt man sich bereits, diese Methode zur Inno-
vationsgenerierung zum Pflichtfach für alle Studenten zu
erheben.

Daher lag es nahe zu prüfen, diese Methode auch für die
Entwicklung von sozialen Innovationen anzuwenden. Genisis
gewann die »d-school« in Potsdam unter der Leitung von
Ulrich Weinberg für diesen Schritt und beide wollen
gemeinsam »Design Thinking for Social Innovation« weiter
offensiv ausbauen. Zeitgleich stabilisierte sich in Stanford
dieselbe Entwicklung durch die Gründung eines eigenen
Instituts, das sich ganz auf das Thema soziale Innovationen

konzentriert. In Deutschland widmet sich das Anfang 2012 gegründete Beratungsunternehmen »Impact Solutions« der Aufgabe, sowohl Unternehmen als auch Gründungswillige im sozialen Sektor dabei zu unterstützen, ihre soziale Innovationskraft zu steigern. Design Thinking ist dabei einer von mehreren Ansätzen.

Bisher lebte die Social Entrepreneurship und die Social Business Szene von jenen unbeirrbaren Unternehmertypen, die sich ein Ziel vornehmen und nicht eher aufgeben, bis sie neue, bessere Wege zur Zielerreichung gefunden und erfolgreich umgesetzt haben. Erlernbare Methoden zur Entwicklung von Social Innovation eröffnen die Chance, dass aus der unvergleichlich größeren Gruppe von Menschen, die Substanzielles zu einer besseren Welt beitragen möchten, erheblich mehr Social Entrepreneurs und Social Businesses hervorwachsen können.

Ein zweiter Bedarf auf der Ebene der Verbesserung der Infrastruktur für Social Entrepreneurship und Social Business ist die deutliche Erhöhung der öffentlichen Wahrnehmung für die nützlichen Innovationen, die sich dort für die Weiterentwicklung unserer Gesellschaft bereits ergeben haben. Die Erhöhung der öffentlichen Wahrnehmung trägt dazu bei, dass soziale Innovationen noch wesentlich stärker Platz greifen in Wirtschaft, Politik und engagierter Zivilgesellschaft. Durch die erhöhte Bekanntheit wird erhöhte Nachfrage nach den sozialen Leistungen der Social Entrepreneurs und Social Businesses entstehen, so dass auch dies wiederum eine soziale Gründergeneration hervorbringen wird.

Das Genisis Institut initiierte daher im Jahr 2011 die Entwicklung einer Medienkampagne für soziale Innovatoren, für die es Jung von Matt als Pro-Bono-Agentur gewinnen konnte, sowie eine damit eng verbundene Internetplattform, über die bürgerschaftliches Engagement für soziale Innovatoren und Innovationen offensiv mobilisiert werden soll. Auch für die Plattform fanden sich starke Partner, so dass beide Initiativen im Laufe des Jahres 2012 an die Öffentlichkeit gehen werden.

Ein weiterer Schritt zur Stärkung von Social Business und Social Entrepreneurship ist die Gründung von »Global Entrepreneurs«. Mit diesem Netzwerk sollen alle Akteure in diesem weiten neuen Feld – von Gründungswilligen über Führungskräfte aus der Wirtschaft, von sozialen Investoren über Social Entrepreneurs bis Social Businesses, von Stiftungen über Thinktanks bis zu politischen Entscheidern – zu einer aktiven Lern- und Aktionsgemeinschaft zusammengebracht werden. Das Ziel von Global Entrepreneurs ist, jedes Mitglied des Netzwerks bei seiner Arbeit für mehr und bessere soziale Innovationen zu unterstützen und gleichzeitig an der Front der Verbesserung der Infrastruktur für Social Innovation weitere Initiativen und Einrichtungen auf den Weg zu bringen. Erster Präsident von Global Entrepreneurs wurde Ramin Khabirpour, der CEO von Danone Europa, und erster Geschäftsführer von Global Entrepreneurs der Serien-Unternehmensgründer David Diallo, der unter anderem das Wirtschaftsmagazin »enorm« als Seed-Investor auf den Weg brachte, das sich als erstes Printmedium dem in diesem Buch beschriebenen Themenfeld widmet.

## Perspektive

Mit Social Business trug Muhammad Yunus eine Idee in die Welt, die dem Impuls für die Entstehung der ökologischen Bewegung in nichts nachsteht. Die Faszinationskraft, die Perspektive, die Dynamik und das faktische weltverbessernde Potential bewegen sich auf derselben Ebene.

Social Business ist aus der Mikrofinanzinnovation der Grameen Bank hervorgegangen und verlieh ihr die notwendige Abstraktion, damit dieser Geist nun auf alle anderen Sektoren der Gesellschaft, weit jenseits des »Bankings for the Poor«, ausgreifen und dort wirksam werden kann. Social Business ist die nächste Stufe der sozialen Bewegungen nach Etappen wie Bürgergesellschaft und Sozialstaat, sie ist die Stufe, auf der bürokratische Verkrustungen und ein eher sozialinnovationsfeindliches Klima überwunden werden können zugunsten einer Bürgergesellschaft, die für soziale Entwicklungsschritte nicht länger auf den Staat wartet oder vor allem von diesem sich soziales Heil erhofft, sondern selbst höchst sozialaktiv und sozialunternehmerisch wird. Social Business kann gleichzeitig dem gesamten sozialen Sektor zu einem neuen Aufblühen, zu neuer Kreativität und zu neuem Ansehen verhelfen und damit die intelligente Lösung sozialer Herausforderungen in den Mittelpunkt der Aufmerksamkeit unserer Gesellschaft rücken.

Social Business hat ferner das Potential, selbst der Motivationsausrichtung in unserer Wirtschaft eine neue Richtung zu geben: »Wirtschaft für den Menschen« statt »Menschen für die Wirtschaft« fasziniert so viele Menschen als neue Perspektive, dass wir diese Chance gemeinsam ergreifen und mitgestalten sollten. Ein anderer großer Wirtschaftsvordenker kann uns dabei bestärken, dass eine derartige, heute noch für viele Menschen schwer vorstellbare Perspektive durchaus hohen Realitätsgehalt hat. S.K. Prahalad, der Pionier für Theorien zur Weiterentwicklung unserer Innovationskultur und laut Umfragen von Forbes und Times Magazine unter den Führungskräften der Weltwirtschaft »wichtigste Wirtschaftsvordenker der Welt«, sagte kurz vor seinem Tod 2010: »Das schlichte Überleben von Unternehmen hängt immer mehr davon ab, wie gut und innovativ sie die sozialen und ökologischen Probleme der Welt lösen.«

Muhammad Yunus gebührt für seinen Impuls des Social Business noch ein zweiter Nobelpreis – der Nobelpreis der Wirtschaftswissenschaften. Falls sich in den nächsten Jahren tatsächlich herausstellen sollte, dass sein Impuls des Social Business zu einer derart gravierenden Neubesinnung auch in der Wirtschaft führt, ist dies in der Tat den Nobelpreis der Wirtschaftswissenschaften wert, auch wenn damit das Novum geschaffen würde, dass eine Person zwei Nobelpreise erhalten würde.

# Ein globaler Marshall-Plan
*Ausblick*

Muhammad Yunus hatte erstmals Anfang der 1990er Jahre den Gedanken, dass man einen Fonds schaffen müsse, aus dem ein weltweiter Feldzug zur endgültigen Beseitigung der Armut finanziert werden sollte. Seine eigenen ersten Bemühungen, einen solchen Fonds zu organisieren, zeitigten jedoch nur bescheidenen Erfolg. Als die Organisation »Terra« am 21. September 1998 mit einer Auftaktveranstaltung im Neuen Schloss Stuttgart die »Chancen-Initiative« startete, begrüßte Yunus dies sehr und schrieb Mitte September 1998 an die Initiatoren:

»Ich bin der Stuttgarter Initiative [gemeint ist die Chancen-Initiative], die Kleinstkredite für die Armen als ein machtvolles Werkzeug zur Überwindung der Armut erkannt hat, überaus dankbar. Kredite – und nicht Almosen – geben den Armen Selbstachtung und schaffen neue Arbeitsplätze. Die Stuttgarter Initiative ermutigt insbesondere auch die Privatwirtschaft, Kleinstkreditprogramme aktiv zu unterstützen. Die Idee der Kleinstkredite wurde entwickelt, damit sich die Armen aus eigener Kraft aus der Armut befreien können. Ich bin davon überzeugt, dass Privatwirtschaft und Privatinitiative beim Sieg über die Armut eine Schlüsselrolle spielen werden. Ich beglückwünsche die Stuttgarter Initiative für ihren Mut, Menschen Chancen zu geben – durch Kleinstkredite, Entwicklungsschulen und die Unterstützung aus der Wirtschaft. Ich beglückwünsche die Stuttgarter Initiative ebenso zu ihrer Vision, private Unternehmen und privates

Engagement einzubeziehen in einen Entwicklungsprozess, der viele neue Akteure und viele neue Ideen braucht. Ich unterstütze Ihre Initiative von ganzem Herzen.«

Ziel dieser Initiative war es, einen »globalen ökosozialen Marshall-Plan« auf den Weg zu bringen. Dieser bestand aus drei Elementen:

- Zur Aufbringung von zusätzlichen acht Milliarden Euro jährlich sollte eine so genannte Terra-Abgabe, eine minimale Abgabe auf den Welthandel, eingeführt werden, so wie sie von dem Co-Preisträger von Yunus 1997 in der Paulskirche, Huschmand Sabet, vorgeschlagen wurde.
- Etwa fünf Milliarden davon sollten jedes Jahr für die Förderung von Kleinkreditprogrammen in aller Welt eingesetzt werden.
- Die restlichen drei Milliarden sollten dem Aufbau von weiteren Entwicklungsschulen nach dem Modell der kolumbianischen Stiftung FUNDAEC dienen.

Die Chancen-Initiative setzte zwar einige Impulse frei, erzielte aber noch nicht den politischen Durchbruch des angestrebten globalen ökosozialen Marshall-Plans.

Im Frühjahr 2003 trafen sich in Frankfurt am Main Repräsentanten von einem Dutzend Nichtregierungsorganisationen, darunter der Club of Rome, die Stiftung Weltethos, die Stiftung Weltvertrag, UnternehmensGrün und auch das »Terra One World Network«. Sie nahmen gemeinsam einen neuen Anlauf unter dem Namen »Global Marshall Plan Initiative«. Die Eckpunkte dieser Initiative sind:

- Die weltweit vereinbarten Millenniumsziele der Vereinten Nationen sollen bis zum Jahr 2015 umgesetzt werden.
- Um die Millenniumsziele zu erreichen, sollen zur Förderung weltweiter Entwicklung jährlich zusätzlich 100 Milliarden Dollar eingesetzt werden.

- Die benötigten Mittel sollen auf fairem und wettbewerbs-
  neutralem Wege beschafft werden, so zum Beispiel über
  die Belastung globaler Transaktionen, z. B. durch eine
  »Terra-Tax« auf den globalen Handel oder eine »Tobin-
  Tax« auf globale Finanztransaktionen.
- Eine weltweite ökosoziale Marktwirtschaft soll schrittweise durch die Verbesserung des Ordnungsrahmens der
  Weltökonomie realisiert werden, so z. B. durch eine Verknüpfung etablierter Regelwerke und vereinbarter Standards für Wirtschaft, Umwelt und Soziales (WTO,
  UNEP und ILO-Kernstandards).
- Es sollen neuartige Formen basisorientierter Mittelver-
  wendung eingesetzt werden, bei gleichzeitiger Bekämp-
  fung von Korruption.

Die »Global Marshall Plan Initiative« sieht in der weltweiten
Förderung von Kleinkreditsystemen das beste Instrument zur
Armutsüberwindung. Die Initiative erhält inzwischen eine
sehr breite Unterstützung aus allen Sektoren der Gesell-
schaft, auch aus der Wirtschaft sowie von allen politischen
Richtungen.

Mit der Verleihung des Friedensnobelpreises an Muhammad Yunus wurde einer breiten Weltöffentlichkeit bekannt,
dass es mit dem Kleinkredit ein höchst wirksames Mittel zur
Armutsüberwindung gibt. Die Mittel, die man braucht, um
eine halbe Milliarde Menschen mit Kleinkrediten zu erreichen, schätzte man beim ersten Microcredit Summit 1997 auf
etwa 30 Milliarden Dollar. Selbst wenn diese Zahl zu niedrig
angesetzt gewesen sein sollte, würden die Finanzierungsmög-
lichkeiten im vorgeschlagenen globalen Marshall-Plan bereits
ausreichen, um die endgültige weltweite Ausweitung von
Kleinkreditsystemen in wenigen Jahren zu finanzieren. Dies
allein würde die Welt radikal verändern.

Nachdem heute bekannt ist, wie wirksam die Innovation von Muhammad Yunus ist, kann kein Politiker, kein Unternehmer, kein Bürger und kein Wissenschaftler mehr stichhaltige Gründe dafür anführen, warum es noch länger Armut geben muss. Die Verleihung des Friedensnobelpreises schafft die Verpflichtung, gemeinsam einen globalen Marshall-Plan durchzusetzen. Nur mit einer solchen Initiative wird die Armut besiegt, und nur so können wir weltweit zu einer nachhaltigen Form des Wirtschaftens und damit zu einer ökologischen Wende kommen.

## »Richten wir unseren Geist neu aus, so können wir eine andere Welt schaffen«
*Eine Dankesrede von Muhammad Yunus*

Zum Abschluss dieses Buches sei die Dankesrede wiedergegeben, die Muhammad Yunus am 25. Juni 1997 in der Frankfurter Paulskirche bei der Verleihung des »Planetary Consciousness Award« gehalten hat. Sie fasst nicht nur das ungewöhnliche Denken von Yunus in seinen eigenen Worten zusammen, sondern unterstreicht seine visionäre unternehmerische Kraft noch mehr als die Reden aus jüngerer Zeit:

Im Laufe meiner Arbeit habe ich wiederholt gesehen, wie Menschen eine bestimmte Geisteshaltung erben und wie schwer es ist, eine solche Geisteshaltung zu ändern, ist sie erst einmal geformt. Diese Welt ist, wie sie ist, da unser Geist trainiert wurde, genau jene Verhaltensweisen an den Tag zu legen, die diese Welt so geformt und bestimmt haben, wie sie ist. Aber auch die Umkehrung gilt: Richten wir unseren Geist neu aus, so können wir eine andere Welt schaffen.

Wenn die konventionellen Banken sagen: »Wir können den Armen kein Geld leihen, da sie nicht kreditwürdig sind«, dann glauben sie das wirklich. Nur weil Grameen während der letzten zwanzig Jahre immer wieder gezeigt hat, dass die Armen kreditwürdig sind, entwickeln die etablierten Banken noch lange kein schlechtes Gewissen, denn ihre Geisteshaltung schützt sie ja.

Wir schaffen Institutionen und politische Maximen, die auf unseren Vermutungen und Annahmen über uns selbst und unsere Mitmenschen basieren. Wir akzeptieren einfach, dass es immer arme Menschen um uns herum geben wird. Aus diesem Grunde gibt es arme Menschen in unserem Umfeld!

Hätten wir daran geglaubt, dass Armut für uns inakzeptabel ist, dass sie nicht in eine zivilisierte Gesellschaft gehören sollte, hätten wir angemessene Institutionen und politische Vorgehensweisen entwickelt, um eine von Armut freie Welt zu schaffen. Wir wollten auf den Mond fliegen – also haben wir es getan. Wir wollten miteinander auf schnellstem Wege kommunizieren können – also haben wir die entsprechende Kommunikationstechnologie entwickelt. Was wir erreichen wollten, haben wir erreicht. Erreichen wir etwas nicht, so fällt mein erster Verdacht auf die Beständigkeit unseres Verlangens, ein bestimmtes Ziel zu erreichen.

Ich glaube fest daran, dass wir eine von Armut freie Welt schaffen können, wenn wir es nur wollen. Wir können eine Welt schaffen, in der es keinen einzigen Menschen gibt, der als arm bezeichnet werden müsste. In solch einer Welt wäre das Museum der einzige Ort, wo man Armut noch sehen könnte. Wenn Schulkinder durch ein solches Museum der Armut gingen, wären sie entsetzt, das Elend und die Demütigung von Menschen zu sehen. Sie würden ihre Vorfahren anklagen, dass sie die massive Verbreitung dieses inhumanen Zustands so lange hinnehmen konnten.

Ich kann mich des Gefühls nicht erwehren, dass das Auslöschen der Armut mehr eine Sache des Willens ist und nicht an dem Problem scheitern kann, die geeigneten Mittel und Wege zu finden. Bis heute widmen wir dem Thema Armut nicht die nötige ernsthafte Aufmerksamkeit. Wir distanzieren uns von der Thematik, indem wir sagen, dass die Armen nicht arm sein müssten, wenn sie nur härter arbeiteten.

Wenn wir den Armen helfen wollen, bieten wir ihnen Almosen an. Meist benutzen wir das Konzept der Wohltätigkeit, um zu vermeiden, dass wir das eigentliche Problem erkennen und lösen müssen. Die Wohltätigkeit wird zu einer Möglichkeit, unsere Verantwortlichkeiten abzuschütteln. Wohltätigkeit löst das Problem der Armut nicht. Vielmehr erhält Wohltätigkeit die Armut aufrecht, da sie den Armen die Eigeninitiative raubt. Wohltätigkeit erlaubt es uns, unser Leben weiterzuleben, ohne dass wir uns über das Leben anderer Gedanken machen müssten. Unser Gewissen wird durch Wohltätigkeit ruhig gestellt und isoliert.

Grameen hat mich zwei Dinge gelehrt: zum einen, dass die Grundlagen unseres Wissens über Menschen und deren Interaktionen immer noch unzulänglich sind, und zum anderen, dass jeder einzelne Mensch äußerst wichtig ist. Jedes Individuum hat ein außerordentliches Potential. Der einzelne Mensch allein kann das Leben anderer innerhalb von Lebensgemeinschaften beeinflussen, und zwar während seines Lebens und darüber hinaus.

Jede Frau und jeder Mann verbergen in ihrem Inneren weitaus mehr als das, was wir bisher haben entdecken können. Wenn wir kein Umfeld schaffen, das uns befähigt, die Grenzen unseres Potentials auszuloten, werden wir nie erfahren, was wir in uns tragen.

Grameen hat mir Glauben gegeben, einen unerschütterlichen Glauben an die menschliche Kreativität. Deshalb glaube ich daran, dass Menschen nicht dazu geboren sind, das Elend von Hunger und Armut zu erdulden. Sie leiden und mussten in der Vergangenheit leiden, weil wir uns von dieser Thematik abwenden.

Es liegt an uns zu entscheiden, welchen Weg wir gehen wollen. Wir sind die Navigatoren und Piloten dieses Planeten. Nehmen wir unsere Rolle ernst, können wir gemeinsam auf unser geplantes Ziel zusteuern. Lassen Sie uns unser Reiseziel planen und hart daran arbeiten, dieses Ziel zu erreichen.

Ich danke Ihnen, dass mir Ihre Ehrung zuteil wird. Indem Sie mich ehren, ehren Sie auch die Millionen von Menschen, die darauf warten, ihre ganze Arbeit in diese Welt zu investieren, um sich selbst und ihren Kindern ein Leben in Würde zu ermöglichen.

# Biographischer Abriss

| | |
|---|---|
| 1940, 28. Juni | Geburt in Chittagong, Bangladesch |
| 1961–1965 | Wirtschaftsdozent an der Universität Chittagong |
| 1965 –1970 | Studium an der Vanderbilt-Universität in Nashville, USA |
| 1970 | Promotion in Volkswirtschaftslehre an der Vanderbilt-Universität |
| 1970 –1972 | Assistenzprofessor an der Middle Tennessee State University |
| 1972–1976 | Professor der Wirtschaftswissenschaften an der Universität Chittagong |
| 1974 | Hungerkatastrophe in Bangladesch erste Experimente mit Kleinkrediten im Dorf Jobra |
| 1976 –1979 | Versuchsphase zur Systematisierung der Vergabe von Kleinkrediten über die Landwirtschaftsbank in Jobra |
| 1979 –1983 | Pilotprojekt für das Kleinkreditbankensystem in Tangail |
| 1983, 2. Oktober | formelle Anerkennung der Grameen Bank als eigenständige Bank mit Sitz in Dhaka |
| 1989 | Gründung des Grameen Trust, der Stiftung zur Förderung der Entstehung von neuen Kleinkreditbanken in aller Welt |

| | |
|---|---|
| 1995 | vollständige finanzielle Unabhängigkeit der Grameen Bank |
| 1995 | Kauf einer Mobilfunklizenz, Aufbau von Grameen Phone und Grameen Telecom |
| 1996 | Gründung von Grameen Shakti zur Verbreitung von erneuerbaren Energieformen |
| seit 1996 | Berater der Regierung von Bangladesch |
| 1997 | Gründung von Grameen Shikkha zur Etablierung systematischer Bildungsprogramme |
| 1997 | Gründung von Grameen Knitwear, dem ersten exportorientierten Unternehmen in der Unternehmensfamilie |
| 1997, 2.–4. Februar | Microcredit Summit in Washington D.C., USA |
| 1997, 25. Juni | Verleihung des »Planetary Consciousness Award« in der Frankfurter Paulskirche |
| 1999 | Gründung von Grameen Software |
| 2004 | Gründung von Grameen Cybernet |
| 2005 | Internationales Jahr des Mikrokredits der Vereinten Nationen |
| 2006, 12.–15. November | Global Microcredit Summit in Halifax, Kanada |
| 2006, 10. Dezember | Verleihung des Friedensnobelpreises an Muhammad Yunus und die Grameen Bank |
| 2006, Dezember | Eröffnung des ersten Social Business Unternehmens »Grameen Danone« |
| 2007, Juni | Erste Präsentation der Idee des Social Business in Europa beim Vision Summit in Berlin mit Verleihung des Vision Award |

| | |
|---|---|
| 2008, März | Veröffentlichung des Buches »Die Armut besiegen«, in dem Muhammad Yunus erstmals seine Social Business Konzeption erläutert |
| 2008, August | Gründung des Genisis Instituts in Berlin, des ersten unabhängigen Instituts für Social Business |
| 2008, November | Vision Summit 2008 als erste Internationale Konferenz fokussiert auf Social Business |
| 2009 | Start des zweiten Social Business Joint Ventures »Grameen Veolia Water« |
| 2009, November | Muhammad Yunus verkündet beim ersten »Global Social Business Forum« in Wolfsburg die ersten Kooperationen mit deutschen Unternehmen: Adidas, BASF und Otto-Group |
| 2010/11 | Regierung von Bangladesch betreibt die Absetzung von Muhammad Yunus mit dem Ziel der Verstaatlichung aller Grameen-Unternehmen (Ende noch offen), Mobilisierung starken internationalen Drucks auf die Regierung Hasina, ihre Maßnahmen rückgängig zu machen |

# Dank

Herzlich danken möchte ich folgenden Personen für ihren direkten oder indirekten Beitrag zum Entstehen dieses Buches:

*Nancy Wimmer*, die mich Mitte der 90er Jahre mit der Arbeit der Grameen Bank und mit Muhammad Yunus bekannt gemacht hat, *Winfried Pinger, Karl Osner, Peter Hesse* sowie *Ruth und Heinrich Ruhemann*, deren Engagement für die Kleinkreditidee mir immer ein besonderes Vorbild war, *Thomas Druyen*, der meinen Vorschlag akzeptierte, Muhammad Yunus im Jahr 1997 den Planetary Consciousness Award zu verleihen, *Huschmand Sabet*, der mit mir 1997 die Chancen-Initiative formulierte, in der die Kleinkreditidee eine zentrale Rolle spielte, und der entscheidend dazu beitrug, dass »Terra« das Projekt Grameen Bank Uttar Pradesh fördern konnte, *Franz Josef Radermacher*, der die Aufnahme der Kleinkreditidee als zentrales Element eines globalen Marshall-Plans gemeinsam mit mir betrieben hat, *Peter Fernau, Hartmut Nowotny, Monika Spiegel* und meinen anderen Vorstandskollegen von »Terra«, die mich jederzeit aktiv darin unterstützt haben, die Kleinkreditidee im deutschen Sprachraum zu fördern, sowie ganz besonders *Noara Kebir* und *Daniel Philipp*, die mich als Repräsentanten von »Results Germany« mit ihrem Wissen aktiv dabei unterstützt haben, dass alle wichtigen Informationen über die Kleinkreditidee auch Eingang in dieses Buch gefunden haben, und die mir die Informationen über das Tansania-Projekt zur Verfügung stellten, sowie schließlich *Michel Aloui, Stephan Breidenbach,*

*David Diallo, Michael Horbach, Friedrich Kiesinger, Marianne Obermüller, Hans Reitz und Jörg Schallehn,* die gemeinsam mit mir am 1. August 2008 das Genisis Institute for Social Business and Impact Strategies ins Leben gerufen haben, das erste Institut dieser Art weltweit.

Hinweis des Autors:
Einige Zitate und Geschichten basieren auf der Autobiographie von Muhammad Yunus, die im Lübbe-Verlag unter dem Titel »Grameen – eine Bank für die Armen der Welt« erschienen ist.

# Literaturverzeichnis

Alt, Franz / Spiegel, Peter: Gute Geschäfte. Humane Marktwirtschaft als Ausweg aus der Krise. Aufbau, Berlin 2009.

Faltin, Günter: Kopf schlägt Kapital. Die ganz andere Art, ein Unternehmen zu gründen. Von der Lust, ein Entrepreneur zu sein. Carl Hanser, München 2008.

Genisis Institute: Social Impact Business. 25 Beispiele für die Verbindung von ökonomischen und sozialen Zielen. Genisis Institute, Berlin 2009.

Gottwald, Franz-Theo / Sprinkart, Karl Peter: Social Business. Der Anfang einer Welt, wie wir sie uns wünschen für ein neues Miteinander. Herbig, München 2011.

Hackenberg, Helga / Empter, Stefan (Hrsg.): Social Entrepreneurship – Social Business: Für die Gesellschaft unternehmen. VS Verlag, Wiesbaden 2011.

Härthe, Dieter (Hg.): Senat der Wirtschaft – Denkanstöße 2012. Senat der Wirtschaft, Bonn 2011.

Humberg, Kerstin: Poverty Reduction through Social Business? Lessons Learnt from Grameen Joint Ventures. Dissertation, 2011.

Jähnke, Petra / Christmann, Gabriela B. / Balgar, Karsten (Hrsg.): Social Entrepreneurship. Perspektiven für die Raumentwicklung. VS Verlag, Wiesbaden 2011.

Küng, Hans: Anständig wirtschaften. Warum Ökonomie Moral braucht. Piper, München 2010.

Molla, Armin: Social Business. Reverse Social Innovation analog zu dem Modell von Muhammad Yunus – Möglichkeiten und Grenzen für die deutsche Versicherungswirtschaft. Master Thesis. European Business School, Wiesbaden 2011.

Radermacher, Franz Josef / Obermüller, Marianne / Spiegel, Peter: Global Impact. Der neue Weg zur globalen Verantwortung. Carl Hanser, München 2009.

Schäfer-Timpner: Armut gehört ins Museum! Jugend im Gespräch mit Muhammad Yunus. Mit Fotos von Roger Richter. Epubli, Berlin 2009.

Spiegel, Peter: Eine bessere Welt unternehmen. Wirtschaften im Dienst der Menschheit – Social Impact Business. Herder, Freiburg/Br. 2011.

Spiegel, Peter / Richter, Roger: The Power of Dignity – Die Kraft der Würde. The Grameen Family. Herausgegeben von Hans Reitz. Mit einem Vorwort von Muhammad Yunus. J. Kamphausen, Bielefeld 2008.

Yunus, Muhammad: Die Armut besiegen. Das Programm des Friedens-nobelpreisträgers. Carl Hanser, München 2008.

Yunus, Muhammad: Grameen. Eine Bank für die Armen der Welt. Lübbe, Bergisch-Gladbach 1997.

Yunus, Muhammad: Social Business. Von der Vision zur Tat. Carl Hanser, München 2010.